노동의 시간이
문장이 되었기에

노동의 시간이
문장이 되었기에

장남수 에세이

벌리그리핀 노을빛 호수,
그 뒤에 있는 것들

차례

시작하는 글　7

1 인연

초청　13
노동의 문장이 맺어준 인연　22
다정함이 버거운 사람들　33

2 캔버라의 노을

8515+280 하늘을 날아　41
ANU의 사람들　54
영어 소통? 소동?　62
호주 국회의사당에서 떠올리는 '치타 여사'들　70
'불일치'한 호주의 국경일에　84
방송 인터뷰 요청　92
한인 마트에서　100
걷는 길　109
우아한 달력　118
호주 노동자와 어린 아들　123
혼자만의 방　132

블랙마운틴 140

일본 교수의 '한국 노동사' 발표 147

'오빠 생각' 그리고 '고향의 봄' 152

삼 개국 여자들의 여성 이야기 163

시드니 나들이 170

캔버라 다문화 축제 177

소소한 문단 인연 184

친절 191

대학 연구실의 내 이름표 197

자존감 203

날지 못하는 새 '에뮤' 209

학생들과 마주한 시간 215

민주주의 박물관 234

외국인 교수의 집 240

안녕, 캔버라 245

3 다시, 고요한 문장의 시간으로

비 오는 인사동에서 261
나의 스승, '뒷것' 김민기와 〈공장의 불빛〉 263
글 쓰는 힘 269

열여섯의 천막 교실에서
불 꺼진 기숙사의 옥상 달빛 아래서
일터에서 쫓겨난 거리에서……
젊음은 흘렀으나 꿈은 시들지 않았다.

시작하는 글

인천공항 게이트 앞에 서자 맥박이 뛰었다. 국내 학교의 초대도 받아본 적 없는 내가 호주국립대학교 초청을 받다니, 그곳에서 보내준 항공권으로 국제선 비행기를 타고 학교의 숙소를 이용하며 두어 달을 보낼 수 있다니, 이건 거의 기적에 가깝다.

낯설고 새로운 문 앞에 서니 지나온 날들이 주마등처럼 스친다.

국민학교를 졸업한 후 교복 입은 친구들을 피해 다니던 열다섯 살의 겨울, 서울행 완행열차에 몸을 실은 날로부터, 낮에는 과자공장에서 일하고 저녁에는 대학생들이 만든 야학에서 공부하던 소녀 시절의 기억.

원풍모방에 입사한 열여덟 살, 두껍고 거대한 공장 철문과 솥뚜껑 같은 무게로 누르던 야근의 눈꺼풀, 어두운 운동장을 걸어 작업장 문을 열면 형광등 불빛과 함께 쏟아져 고막을 때리던 기계 소리.

운명처럼 다가온 노동조합을 통해 노동의 가치와 모든 인간은 평등하고 존엄함을 깨치며 자긍심이 높아지던 그곳, 그렇게 성장한 젊은 열정으로 '내 작은 이 한 몸 역사에 바쳐'를 노래하며 부조리에 저항하다 구금되고 생존권을 박탈당하기도 하였으나 당당했던 청춘의 날들.

그날들에도 글쓰기를 멈추지는 않았다. 삐뚤빼뚤 쓴 산문이 교실 뒤편 게시판에 붙은 열 살 무렵부터 열여섯의 천막 교실에서, 불 꺼진 기숙사의 옥상 달빛 아래서나 일터에서 쫓겨난 거리에서 일기나 편지를 썼다. 덕분에 공장과 배움, 분노와 슬픔을 담은 글을 《빼앗긴 일터》라는 제목으로 스물다섯 살 성탄절 날에 출간할 수 있었다. '글 쓰는 노동자'로 문학의 언저리에 한 발짝 내디딘 순간이었다.

    생활이 속고 속여 슬퍼하고 노여워하는 사이 젊음은 흘렀으나 꿈은 시들지 않았다. 가져보지 못한 '여중생' '여고생'의 여한을 끌어모아 도전한 학업은 쉰 살에 대학교의 교정으로 이르게 해주었고 좀 더 새로운 문장을 꿈꾸게도 했다.

    창밖 멀리 품 넓은 한라산을 매일 보는 제주도민이 된 지도 제법 되었다. 억새를 닮아가는 흰머리 날리며 푸른 바다와 바람 부는 산자락을 걷다 보면 만나고 헤어지고 울고 웃은 사람들이 아련하다.

    항공기 안에 환한 불이 켜진다. 낯선 나라에 도착한 모양이다.

1

인연

《빼앗긴 일터》에 큰 의미를 부여하는
호주의 교수, 억압된 내면의 욕망을
마음껏 드러내는 글쓰기를 바라는
국내 대학교의 국문학과 교수,
성향이 다른 듯 친밀한 두 사람의
우정이 한 가닥 내게도 흘러왔다.

13

인연

초청

 봄날이었다. 제주 시내 작은 도서관 모임방에 둥글게 앉은 사십 대에서 육십 대에 걸친 여자들의 눈동자가 반짝였다. 이날은 매주 하는 제주 생활사 공부를 하루 접고 열린 인문학 사주풀이 특강이었기 때문이다. 강의를 맡은 Y 선생이 인문학 사주풀이라는 게 무엇인지 총괄 이론을 잠시 설명한 후 단체대화방에 미리 올린 생시生時 정보를 토대로 개별 사주풀이에 들어갔다. 네 번째로 내 차례가 되었다. 나의 사주풀이를 형상화한 피피티ppt 그림 화면을 띄운 Y 선생이 더 귀를 쫑긋 세운 나를 향해 와, 하며 싱긋 웃었다.

 "바위, 산, 바다 다 크네요. 기운이 큰 땅이고 품고 매개하는 역할도 많이 하시고 조직 운도 있어요. 다만 도와주는 사람 운이 없군요. 여기에서 도와주는 사람이라는 건, 엄마 같은 일방적 존재, 가족의 도움이 없다는 의미예요."

젊은 날 나와 비슷한 시기에 구로공단의 노동자로 일한 경험이 담긴 《외딴방》을 읽으며 저자에게 절대적 울타리이자 든든한 배경으로 묘사된 '큰오빠'의 존재가 참 부러웠던 나는 가족의 도움을 기대할 수 없었던 환경이 타고난 팔자라니 잠시 애틋해졌다.

Y 선생이 말을 이었다.

"샘은 조직 운이 세요. 계속 사람들이랑 뭘 하고 결과물을 만드네요. 참 신기한 건 샘의 사주에 문서 운이 없어요. 그런데 글을 쓴단 말이죠. 아마도 공장에서 일할 때도 책 읽고 쓰면서 꾸준히 쌓아온 덕분인 거 같아요. 나한테 부족한 운을 발전시키는 게 사주풀이에서 매우 중요한 의미인데 그걸 알아서 해오신 거죠."

'조직 운'은 수긍되는데, 문서로 상징되는 '글 운'이 나한테 없다는 해석에 마음이 시무룩해졌던 나는 이어진 설명에 전율했다.

15

인연

"아…… 문서 운, 있네요. 그게 정확히 스물다섯에."

스물다섯이라면 첫 책을 출간한 딱 그때다. 어쩌면 내 글쓰기의 방향키를 정한 사건 같은 글이자 평생 지지기반이 되어주는 그 출간. 사주에 없는 문서 운을 만들기 시작한 게 '그때'라는 것이다.

내 반응에 사주풀이의 능력을 인정받은 듯 Y 선생이 네, 네, 환하게 웃으며 말을 이었다.

"샘은 글을 쓰는 게 나를 잘살게 하는 힘, 이라는 것만 계속 확인하시면 좋을 것 같아요."

큰 산과 들판, 앙증맞은 꽃들이 옹기종기 피어난 화면은 왠지 좀 설레고 두근거렸다. 옆자리에 앉아 있는 H 선생이 아, 저 그림, 샘 소설에 나오는 외갓집 풍경, 엄마 손잡고 산길 걸어가는, 딱 그 장면 같아요! 신기하다는 듯이 외쳤다. 그런가? 그 말에 뭉클했지만, 사실 나는 여행이 예정된 호주를 떠올렸다. 인구는 한국의 절반가량인 이천오백만인데 면적은 한국의 일흔일곱 배에 이른다는, 세계에서 여섯 번째로 넓다는 땅을 상상했다. 화면에 띄워진 강렬한 이미지는 어쩐지 그 여행의 암시 같았다.

"선생님, 잘 지내시죠? 좋은 소식 전하려고 연락드려요. 호주 루스 교수의 전달인데요, 루스가 재직 중인 대학교에서 선생님을 초청하겠다고 해요. 기간은 8주까지 가능하고 비용을 지원하며 선생님께 특별히 부담되실 조건은 없다고 해요. 선생님이 응하시기만 하면 돼요."

"어, 정말요! 아유 근데 제가 어찌 거기를? 저 영어 한마디도 못 하는데요, 그런데 저를 왜요? 제가 뭐라고……."

국내 대학에서 일하는 N 교수의 전화를 받은 나는 놀라서 버벅거렸다.

"그동안 말씀은 못 드렸는데요, 루스가 선생님 초대하고 싶어 했어요. 학교에서 결정이 나서 이제 말씀드리게 된 거래요. 영어는 못하셔도 괜찮으실 거예요. 루스가 한국어 잘하고 또 한국인 교수들과 유학생들이 많이 있어요. 한국 노동사 연구자인 일본인 교수 한 분도 일 년 동안 호주에 계시게 되는데 한국어를 잘할 뿐만 아니라 선생님과의 만남을 기대한다고 해요. 걱정하지 마시랍니다. 선생님, 생각해 보시고 답

17

인연

주세요."

"네, 좀 생각해 볼게요."

전화를 끊고 흥분해서 집 안을 스무 번은 빙글빙글 돈 후 식구들 카톡방에 내용을 올리고도 서성서성.

다음 날, 이른 시간에 연락하기가 민망해 또 몇 바퀴 거실을 맴돌다가 시계가 9시에 딱 닿는 순간 답을 보냈다.

―선생님, 저 무조건 갈래요. 설레어서 잠도 못 잤어요, 이런 기회가 또 있으려고요, 저 사실 중국 두어 번, 베트남 한번 간 게 해외여행의 전부거든요. 근데 세상에 호주를, 그것도 학자도 아닌, 나이 들어 별 쓸모도 없는 이를 외국의 대학에서 8주씩이나 초대해 주는 이런 일은 제 인생의 기적과 다름없어요. 갈 거예요.

결정은 전달했고, N 교수를 통해 루스 교수의 환영 메시지가 전달되었다.

나는 컴퓨터를 켜고 호주를 검색했다. 시드니를 호주의 수도로 잘못 알고 있는 사람이 많은데 시드니와 멜버른의 중간인 캔버라가 수도이며, 상대적으로 작은 도시인 캔버라로 수도가 정해진 이유는 이러이러하다는 것, 호주는 기후조건이 세계 으뜸에 속하고 남반구라 한국의 겨울이 여름이 되며 여름이라 해도 그늘 밑에 있으면 크게 덥지 않고 아침저녁엔 약간 서늘하니 카디건 정도를 챙기는 게 좋다는 것, 그래서 일월에서 삼월 사이에 호주로 여행하는 사람이 많고 여행지는 어디 어디가 좋더라는 둥……. 아, 그 유명한 오페라하우스가 있는 곳도 호주였지.

저녁 무렵 또 문자 메시지를 보냈다.

―아무 때 가도 되는 건지? 어떤 형태의 지원인지? 정말 조건 없이 지내다 오면 되는 건지? 세미나 간담회 이런 건? 숙소 형태는 취사 가능한지?

―선생님, 루스가 지금 가족들과 저녁 식사 중이라네요. 썸머타임 때라 우리 시간보다 1시간 차이가 나거든요. 조금 있다 답해 드리겠답니다.

시간이 좀 지나 답이 왔다.

―항공료 생활비를 포함한다. 숙소는 학교 안에 있는 게스트하우스가 유력하고 혹시 안 될 경우, 근처의 부엌이 달린 아파트 형태로 제공한다. 시내에 한국

19

인연

마트가 있어 웬만한 식자재는 다 구할 수 있다. 일정은 원하는 대로 하면 된다…….

N 교수는 루스 교수의 답과 함께 그 대학의 게스트하우스가 들어 있는 홈페이지 링크와 호주에 일 년 동안 머무른다는 일본 학자의 프로필이며 한국 식자재는 절대 가지고 가면 안 된다는 주의 사항 등을 세심히 알려주었다.

국내도 아닌 먼 외국의 국립대학교에서 나를 초청하는 일이 생길 줄은 꿈에라도 상상하지 못했다.

중간 역할을 기꺼이 해준 N 교수 덕에 호주 방문의 기본내용이 확인된 후 여러 날 이쪽저쪽 분주했던 N 교수는 필요로 할 때는 언제나 연락하라며 루스 교수의 이메일주소를 보내주었다. 그가 한국어를 읽거나 말하는 것은 충분하니 직접 소통하는 것이 편할 거라는 의견이었다. 이후부터 나는 한글로 이메일을 보내고 그는 영어로 답을 보내도 서로 알아서 읽어낼 수 있었다. 인터넷 번역기를 사용해 보니 입은 못 열지언정 손가락만으로도 국제미아가 되지는 않겠구나 싶어 용기도 좀 생겼다. 기술문명을 활용해 어설프게

나마 외국인과 편지를 나누는 게 가능한 것이다. 보내온 글을 기계로 번역하다 보면 웃음이 터지기도 했다. 이를테면 이런 식이었다.

> 호주 방문을 매우 기대하고 있습니다. 질문에 하나씩 답해 드리겠습니다. 날짜에 대해 한마디만 하세요. 이곳 대학은 1월이 여름방학이라 오기에 좋은 시기는 아닌 것 같아. 내년 2월을 제안한다. 이 중요한 사항을 먼저 알려줘야 한다고 생각했어.

반말과 존칭어가 뒤섞이고 맥락이 혼선을 빚는 번역이었다. 그러나 무슨 말을 하려는지는 알 수 있었다. 때로 너무 빨라지는 기술 발전이 버거워 못마땅해하며 폄훼하기도 한 나에게 문명이 이리 또 감사하게 느껴질 줄이야!

컴퓨터로 호주국립대학교 ANU Australian National University를 검색했다. 이 학교가 학문적 연구 내용이 우수하여 세계적으로 대단히 명성 있는 대학교라는 자료가 뜬다. 포털 지식검색으로 학교의 건물과 역사를 찾아보고 호주 여행의 경험을 쓴 개인들의 블로그를 살펴보다 가슴이 마구 뛰었다. '학문의 전당' 대학의 풍경에 흥분되는 나…….

공장의 기계 앞에서 보낸 어린 시절 꾹꾹 눌러둔 욕망이 하얀 칼라의 교복과 대학 교정이었다. 그래서였다. 다른 어떤 여행지보다 행복한 사건처럼 느껴지는 감정, 갑자기 울컥 치미는 이 눈물은.

노동의 문장이 맺어준 인연

세계는 넓고 사람은 별처럼 많으나 어떤 공감은 깃털처럼 하늘 날고 바다를 건너 누군가의 어깨를 감싸기도 한다. 일상의 무수한 발자국과 몸짓 하나도 다 무언가를 쌓는 과정이라는 것을 나이 들수록 더 크게 느낀다. 오래된 신문의 한 꼭지 글에도 인연이 담겨 있었음을…….

창간 일부터 구독했으면서도 무심히 읽고 넘겼을 수년 전 일간지 기사를 이제야 다르게 본다.

1989년 뜨거운 8월, 18살의 오스트레일리아(호주)에서 온 대학생이 김포공항에 내렸을 때 그를 맞으러 온 사람은 아무도 없었다. (중략)

23
인연

며칠 간의 수소문 끝에 초청한 대학생들을 만날 수 있었다.

학생들은 서울의 대학가, 전라도의 농촌으로 그를 안내했다. 그중에도 경기도 부천에서 만난 여공들이 가장 깊은 인상을 남겼다. 대부분 자신과 비슷한 또래였다. 열악한 환경에서 일하다 건강을 해친 이도 있었다. 그러나 어떤 여공들은 "언젠간 글을 쓰고 싶다"며 러시아어를 독학해 톨스토이, 도스토옙스키, 막심 고리키의 책을 원서로 읽고 있었다. (중략)

이 만남을 떠올리며 "중산층 가정에서 자라며 한국에서 만든 신발을 신어왔던 나는 죄책감이 들었다. 하지만 동시에 서로를 알고 싶은 강한 끌림을 느꼈다."고 말했다. (이하 생략)

〈한겨레신문〉 2017년 7월 7일 김지훈 기자

    기사 속 '그'가 한국에 처음 오게 된 계기는 퀸즐랜드대학교 1학년 때 한국기독교학생회총연맹의 초청에 의해서였는데 그이보다 10년쯤 먼저 태어난 나도 딱 그 나이에 공장 기숙사 우편함에 들어 있던 한국기독교학생회총연맹에서 보낸 초청 엽서를 들고 구세군대한본영 예배에 참석한 일이 일생일대의 큰 전환점이었기 때문이다.

기사의 주인공인 열여덟 살의 오스트레일리아 여학생은 시간이 흐른 후 호주국립대학교에서 한국학을 가르치는 교수가 되었다. 열여덟 살의 그를 만난 적은 없었으나 내가 쓴 책에 마음이 닿은 중년의 그를 만나게 되었다.

2017년 여름, 경향신문에서 루스 배러클러프 교수가 영어로 쓴《여공문학》의 한국 출간에 맞추어 저자, 번역자 N 교수, '여공'으로 글을 써온 나와 S가 함께 하는 좌담을 마련했다.

쨍한 여름날, 덕수궁 담 옆 어느 찻집에서 만난 호주 교수는 연갈색의 긴 머리를 묶고 어깨에 연둣빛 스카프를 살짝 두른 채 상글상글 웃는 표정이 외국영화에서 본 배우 같았다. 인천의 모 대학 국문학과 교수인 번역자 N 교수는 하얗고 맑은 피부를 보니 나와는 다른 세계에서 살아온 사람이구나 싶긴 해도 명랑한 분위기로 편하게 언어 소통을 도와주었다.

25

인연

사실 외국인 친구가 한 명도 없는 나는 언젠가 가톨릭 신자인 지인을 따라 제주 성이시돌 성당에 갔을 때 털보 수염에 몸집이 우람한 이탈리아 신부와 몇 마디 이야기를 나눠본 정도가 전부였다. 그러니 유럽계 외국인 여성과 이야기를 나누는 것이 낯설고 생경했다. 더구나 그는 내 글을 읽고 또 읽으며 연구 분석한 사람이라 나의 성장과 생각의 방향을 꽤 파악했겠지만, 나는 그에 대해 아는 바가 없었다. 인터뷰를 대비해 미리 보내온《여공문학》을 통해서, 또 눈앞의 표정을 통해 호감 담긴 눈빛을 느낄 뿐이었다. 출판사가 들고 온 책, 따끈한《여공문학》에 서로의 사인을 주고받은 후 신문사 강당에 나란히 앉았다.

이날 루스 교수는 호주에서 가져온 에코백 등을 선물로 주었다. N 교수는 엘레나 페란테 4부작 소설 두 질을 무겁게 들고 와서 S와 나에게 선물했다. 빈손으로 달랑달랑 가서는 한 보따리 선물을 안고 헤어진 첫 만남이었다.

N 교수가 선물한《나의 눈부신 친구》로 시작하

는 4부작 소설은 빨려 들어가듯이 단숨에 읽었다. 사랑과 욕망, 그 비루한 이면까지를 거침없이 세밀하게 그려내는 글솜씨와 자유로움에 매료되었다.

《빼앗긴 일터》에 큰 의미를 부여하는 호주의 교수, 억압된 내면의 욕망을 마음껏 드러내는 글쓰기를 바라는 국내 대학교의 국문학과 교수, 성향이 다른 듯 친밀한 두 사람의 우정이 한 가닥 내게도 흘러왔다.

한동안 시간이 흐른 2022년 봄, 코로나 정국으로 마스크에 갇혔던 세상이 조금씩 열리던 때였다. 야외에서는 마스크를 벗어도 되는 정도였는데 막혔던 입이 열리니 사람들 발이 달음박질쳤다. 하늘길도 열려 루스 교수가 한국으로 출장을 온 모양이었다.

우연히도 옛 벗들과 3년 만의 야유회를 관악산에서 하기로 약속해 서울행 항공권을 예매해 두고 그 주말에 가려던 차였는데 N 교수로부터 전화가 왔다.

루스가 한국에 와서 같이 있는데 나를 얘기하고 있다고. 대선이 막 끝난 후라 한국의 선거 결과를 통탄하다가 왜 나를 떠올렸는지는 갸우뚱한 노릇이지만, 아무튼 내 얘기가 나왔다고.

"어, 저 주말에 서울 가는데요."

경희궁 뜨락엔 나무들이 한껏 초록으로 충만했다. 나무는 오래 살아도 해마다 다시 푸르고 더 굵어지니 인간보다 깊고 고귀한 삶을 사는 것 같다.

잠시 걷다 보니 두리번거리는 얼굴들이 보인다. 여전히 상글상글한 루스 교수, 소녀 같은 N 교수, 처음 보는 그들의 동료 교수까지, 교수 복이 터졌다.

몇 해 전 처음 만났던 장소에 의미를 부여해 찾아갔으나 코로나 영향 때문인지 그새 영업이 중단되어 버려서 가까이 눈에 띄는 찻집에 들어갔다.

루스 교수를 맑은 사람이라 느꼈지만, 이날은 특히 더 환해 보였다. 진보정당이 승리한 호주의 선거를 축하하면서 한국 정치풍토의 후진성을 씁쓸하게 한탄하는 우리에게 그는 한술 더 떠가며 동조해 주었다.

영화 〈미싱타는 여자들〉, 〈어부의 딸〉과 함께 드라마 〈나의 해방일지〉로부터 기혼 여성의 직장생활과 사회적 차별, 자녀의 입시 이야기까지 여자들의 수다는 국경이 없었다. 아하, 교수들하고 얘기해도 즐겁구나. 속으로 빙긋이 웃었다.

기념사진은 고궁에서 찍었으면 좋았을걸 반가워하느라 놓친 우리는 제주도에 사는 내가 비행기 시간에 맞춰 일어서려는 즈음에야 뒤늦게 찰칵찰칵 분주했다.

그렇게 한국 노동자의 글에 닿은 이방인의 시선에서 시작된 인연이 가보지 못한 나라 호주 초청으로까지 이어졌다.

사실 내가 혼자 외국 여행을 간다는 것은, 아장거리는 아이가 무거운 가방 메고 나서는 것과 진배없으리라. 아이보다 좀 낫다면 눈치는 있는 정도일까?

어찌 되겠지, 하면서 설레는 나보다는 어미가 국제미아가 되는 걸 걱정하는 딸이 대안을 모색했다. 마침 결혼식을 앞두고 있었던 딸은 신혼여행을 미뤄, 나를 캔버라에 데려다주고 며칠 같이 보낸 후 시드니공항에서 사위를 만나 둘이 허니문을 보내면 되겠다는 궁리였다. 해서 몇 번 오락가락하던 방문 날짜를 딸이

29
인연

다니는 학교의 겨울방학에 맞췄다.

    날짜가 확정되니 호주 대학교에서 항공권을 보내왔고 절차에 따라 루스 교수와 N 교수가 추천서도 써주었다.

    나는 호주에 오기로 한 000 씨를 지지하기 위해 이 글을 쓴다. 000는 저명한 작가이자 활동가이다. 그녀의 첫 번째 책은 1984년에 출판되었고 센세이션을 일으켰다. 한국의 대학 문학과 역사 과정에서 주요한 독서로 고려된다. 한국에서 가장 중요한 노동 문학작품의 하나다. 그 이후 두 권의 책을 더 출판했는데 그것 또한 좋은 평가를 받았다. 그녀가 캔버라에서 지내는 동안 새로운 글을 쓸 것이다. 호주에서 만난 사람들 사건들 그리고 그녀의 인생 여정을 바탕으로 할 것이다. 또한 ANU 대학생들을 만날 것이고 강연과 세미나에 참석할 것이다. 그녀의 경험은 학생들과 직원들에게 독특한 관심사이다. 그녀가 호주에 있는 동안의 출판물을 기대하고 있다. **루스 배러클러프**

호주국립대학교 ANU 입구. 한국 노동자의 글에 닿은 이방인의 시선에서
비롯된 인연이 가보지 못한 나라 호주 초청으로까지 이어졌다.

인연

저는 작가 OOO를 오스트레일리아 국립대학교의 예술가 레지던스 프로그램에 추천하기 위해 이 글을 씁니다. OOO는 한국에서 매우 특별한 존재입니다. 그는 일찍이 1970년대부터 한국의 엄혹한 노동 현장에서 노동자로 일하면서 노동운동을 해왔고 그 과정에서 해고되기도 했습니다. 그가 이 당시의 경험을 바탕으로 쓴 책은 지금도 한국의 많은 연구자들이 연구하고 인용하고 있는 빼어난 르포르타주 문학입니다.

(중략)

그는 1970년대 이후 한국 노동사의 가장 문제적인 현장의 한복판에 있었고 가장 중요한 문학적 기록을 남김으로써 21세기에도 노동문학의 계보를 잇고 있는 매우 중요한 인물이라고 할 수 있습니다.

(중략)

그가 노동운동의 산증인이자 중요한 문학작품의 저자인 만큼 캔버라에 체류하는 동안 한국학 연구자들과 한국을 공부하는 학생들에게 큰 지적 자극을 줄 수 있습니다. 또한 그는 소설가로서 캔버라에서의 체류 경험을 통해 글쓰기의 새로운 자양분을 얻고자 합니다. 그가 오스트레일리아 국립대학에 머물 기회를 갖는다면 작가 개인의 문학창작에 의미 있고 소중한 순간이 되는 것은 물론이며 귀 대학의 연구자들에게도 중요한 영향을 미칠 것임을 믿어 의심치 않습니다. 노지승

과한 평가라 민망함은 어쩔 수 없어도 대학의 관계자가 설득되지 않을 수 없을 것 같은 추천사였다.

내가 호주의 대학교에 초청받을 수 있었던 이유가 명확했다.

노동! 문학!

노동의 시간이 문장이 되었기 때문이다.

인연

다정함이 버거운 사람들

나의 행운을 자기 일만큼 기뻐해 주던 후배 작가 M은 해외 레지던시 경험상 책을 최대한 많이 가져가면 좋다고 조언했다. 그걸 무거워서 어떻게? 주절거리면서도 '해외 활동 후원'이라는 명목으로 지원해 준 책까지 한 묶음 꾸렸다.

호주행 일정이 임박해진 어느 날은 공부 모임의 K 선생이 살짝 불러내더니 봉투 하나를 내밀었다.

"작은 거지만 선생님 여행을 축하하는 마음이에요."

다른 사람들 신경 쓸까 봐 얼떨결에 호주머니에 찔러진 선물을 받아왔다.

따뜻한 내용의 엽서 한 장과 빳빳한 신권 오스트레일리아 화폐가 들어 있었다. 추운 날씨에 모임 시간

전 바쁘게 은행 들러 이것을 준비했을, "아주 작은 것" 임을 강조한, 결코 작은 것 아닌 마음도 짐 가방에 챙겼다.

다음 날은 또 커다란 아이스박스 택배가 도착했다.

"호주 가기 전에 김장김치 많이 먹고 가."

촌에 사는 친구가 텃밭 재료로 담근 배추김치, 빛깔 고운 동치미, 갓과 무로 상큼하게 만든 장아찌와 쪽파김치였다.

가서 글 쓰라고 예쁜 노트며 뭐며 챙겨준 선배, 사양했지만 태블릿을 선물하고 싶다는 후배, 언제 가냐고 묻고 또 물어오며 축하하는 벗들도 있었다.

느닷없이 나의 여권 영문 이름 스펠링을 묻는 미국의 언니로부터 이름과 전화번호만으로 국제 송금을 받는 경험도 했다. "네가 호주 가는데 내가 왜 떨리니?" 흥분한 목소리로 큰 격려금을 보내준 선배, "언니야, 멀리 가서 아프지 말고 잘 댕기온나, 노잣돈 쪼매 보탠다." 비행기도 잘 못 타는 자매의 지원들이 나를 붕붕 띄웠다.

35

인연

　뭐라도 건네고 싶거나 건네주고 싶은 사람이 있다. 길을 가다 괜히 가게로 들어가 옷을 사주거나, 밥을 사고 싶거나, 집을 나서다가도 뭐 줄 거 없나 한 바퀴 집안을 둘러보게 하거나, 주섬주섬 뭐라도 챙겨지는 사람, 서로에게 그런 마음인 얼굴들이 떠오른다.

　멀게는 낮은 담 너머로 바가지가 넘어오고 소쿠리가 넘어가던 고향마을 사람들이 그랬다. 이웃이나 친척 중 새 식구가 들어오거나 멀리 길 떠나는 이가 있으면 정성껏 상을 차려 대접하는 건 흔한 풍경이었다. 그게 익숙해서 결혼 후 아파트에 살면서 이사 가는 이웃에게 밥하고 술 받아 대접한 적이 있는데 고마워하면서도 많이 놀라던 표정에 어쩌면 이웃이라는 이유로 베푼 내 성의가 요즘 세상에는 생뚱맞았을 수도 있었겠다는 생각도 한다.

　여하튼 거래가 아닌, 나에게 별 얻을 게 없는 사람들의 선물은 더 고맙고 뿌듯하다. 그러나 심리적으로는 빚이 되기도 한다. 관계나 신뢰의 정도에 따라 다르겠으나 받음보다는 주는 게 편한 성격 때문이다.

언젠가 차와 술을 파는 인사동의 이층 카페에 동문수학하던 만학도 언니들과 앉아 '부탁과 받음'으로 수다를 떤 날이 있었다.

육십에 이르러 공부하는 사람들이었으니 살아온 모양이 비슷했던 우리, 뭔가 관계에 관한 과제를 앞두고 있었던 모양이다. 나보다 서너 살 위인 언니들이 이구동성으로 남에게 뭘 부탁하는 게 참 어렵다고 했다.

그러자 고령 학생들 틈에서 이모들과 수다 떠는 다정한 조카처럼 어울리던 J가 나를 가리키며 말했다.

"부탁 잘하시는데요, 편하게."

"나? 하하."

웃다 보니 아, 그랬구나, 깨달았다.

나, 모니터 바꿔야 하는데 어떤 게 좋을까? 인터뷰 가야 하는데 사진 좀 찍어줄 수 있어? 이 영문 해석 좀…….

그때마다 해결사처럼 도와준 젊은 청년이었다.

누군가에게 뭘 부탁하는 게 어려운데, 굶어 죽을지언정 형제나 가까운 이들에게 아쉬운 소리 못 하는데, 쓸데없는 자존심만 등등해 곧잘 상처받는데, 힘들다 말하지 못하면서 왜 알아주지 않느냐 몸으로 발산하는 따위인데, 어떤 이에게는 그러기도 했다는 깨달음에 놀랐다.

    다정함이 어색한 사람들이 있다.
    내가, 또는 타인들이, 대단치도 않은 명분을 앞세워 냉정을 냉철함으로 포장하거나, 공감보다는 다르거나 틀림을 찾아 날을 세우거나, 열셋 열다섯 살에 가족의 생계를 떠안느라 다정할 새가 없는 삶이었거나,
    그런 게 익숙했던 나를 닮은 사람들.
    유학 가는 길도 아닌데 유학 떠나는 만큼이나 여겨주는 이들이 내가 선 땅의 풍경이고 나를 닮아, 나를 아는 사람들의 마음이었다.

2

캔버라의 노을

캔버라의 고요한 호수,
너무 고요하고 나른해서
마치 꿈결 같은 곳
자락자락 마음이 잠긴다.
늘 물빛이 좋았다.
그리움이요, 슬픔처럼.

캔버라의 노을

8515+280 하늘을 날아

시드니공항의 검역이 세계에서 으뜸으로 엄격하다는 정보가 있었기에 복용하는 약은 처방전을 받아 지참했고 식품은 초콜릿 약간 외에는 아무것도 넣지 않았지만, 가방이 검역대를 통과하는 과정에는 긴장되었다. 어떤 젊은 여자의 짐이 문제가 되는지 붙들려 탁자 위에 헤집어져 있었는데 흘깃 보니 무슨 봉투가 많아 보였다. 그이를 안타깝게 바라보면서도 내 짐이 무사히 통과하고 보니 마치 숙제 칭찬이라도 받은 듯 으쓱해지기까지 했다.

캔버라행 비행기를 갈아타야 하는데 수화물이 시드니공항에서 캔버라로 바로 연결되어 한결 편했다. 아시아나항공과 호주 국내선 버진오스트레일리아가 협약되어 있어서인 듯했다. 전용 환승 정류장에서 버스로 10분쯤 이동 후 2인 좌석 한 줄, 1인 좌석 한 줄, 총탑승 인원 오십여 명 규모의 앙증맞은 경비행기를 타고 다시 호주의 하늘을 날았다.

캔버라공항에서 짐 찾을 곳으로 향하는데 맞은편에서 루스 교수가 환히 웃으며 걸어오고 있는 게 아닌가. 짐을 찾기도 전에 탑승객과 마중 나온 이가 서로 만나게 되는 신기한 공항이었다.

루스 교수의 낡은 소형차를 타고 우리나라와는 주행 방향이 반대인 도로를 달리며 키 큰 나무와 녹색 잔디밭을 눈으로 찬찬히 담는 사이 호주국립대학교에 들어섰다. 학교가 몹시 한산한 것은 지금이 방학이라서이고 1월 말이면 북적이게 될 거란다. 관리처로 보이는 증축 공사 중인 건물에 들어가니 작은 현관에 전화기만 달랑 놓여 있다. 루스 교수가 전화기를 들고 상대편에게 내 이름의 영어 스펠링을 한 글자씩 불러주고 설명하니 직원이 계단을 내려와서 숙소 키를 넘겨주었다.

43

캔버라의 노을

숙소는 오래된 동화 속의 집처럼 아담한 2층 주택이었다. 루스 교수가 옆 동에서 일하고 있던 남자들에게 부탁하자 두 사람이 흔쾌히 와서 무거운 짐 가방을 번쩍 들어 올려주었다. 카펫이 깔린 거실이 눈에 들어왔다. 원룸이라는 안내를 받았기에 침대와 주방 정도가 붙은 작은 공간이겠거니 했는데 생각보다 훨씬 넓었다. 푹신한 의자 두 개, 티브이와 책상이 놓인 거실 옆에 냉장고, 전자레인지, 식기류 등을 갖춘 주방이 있고 안쪽 문을 열면 하얀 침구가 덮인 킹사이즈 침대와 붙박이장이 갖춰진 방이 있었다. 샤워 공간이 분리된 큼직한 욕실에는 세탁기와 건조대, 한쪽 벽면에 온풍기도 달려 있다. 넘치도록 훌륭했다. 무엇보다 숙소 앞뒤로 푸른 잎을 가득 매단 큰 나무가 춤을 추고 있었다. 나무 위에서 지저귀는 새들이 검은 머리에 키 작은 이국 여자들이 신기한지 반가운지 요란했다.

루스 교수는 장을 좀 봐왔다며 차에서 쇼핑백을 들고 와 넣어주고는 피곤할 테니 쉬시라, 월요일 오전에 올 테니 몇몇 분과 함께 점심을 하자, 약속하고 돌아갔다.

호주국립대학교에 자리한, 오래된 동화 속 집처럼 아담한 2층 숙소.

45

캔버라의 노을

그가 장을 봐온 식품을 냉장고에 넣으며 딸과 나는 감동했다.

쌀 한 봉지, 달걀 꾸러미, 김치 한 팩, 양파 두 개, 호박 두 개, 우유 한 병, 식빵과 치즈, 올리브유, 방울토마토, 망고, 음료, 비스킷…… 먼 이국의 다정함이었다.

1월이지만 호주는 여름이라 저녁 일곱 시가 넘어도 환했다. 소화를 시킬 겸 숙소에서 7분쯤 걸었을까, 한 폭의 그림 같은 호수가 펼쳐졌다. 벌리그리핀이라는 이름의 호수는 강처럼 커서 어디가 끝인지 짐작이 가지 않았다. 빨간색 지붕이 석양으로 반짝이는 박물관도 있었다. 운영시간이 끝난 창 안쪽에 찻집과 기념품 가게도 보였다. 노을에 잠기는 호수 옆 잔디밭을 한가로이 걷는데 불시에 무언가가 빠르게 지나갔다. 펄쩍 놀라고 보니 토끼였다. 여기도 토끼, 저기도 토끼, 셀 수없이 많은 토끼가 와르르와르르 몰려다닌다. 엄청난 번식으로 곡식에 해를 끼치는 토끼와의 전쟁에서 호주가 두 손 들었다는 유튜브 영상을 뒤늦게 확인한다. 종족 번식이 대단한 모양이다.

산책을 마치고 딸과 나는 곯아떨어졌다. 주변 환

경이 어찌나 조용하고 쾌적한지 축복 같은 밤이었다.

다음 날 아침 규칙적인가 싶다가 또 불규칙적으로 지절대는 새소리를 들으며 눈을 떴다. 맑은 날씨에 주말장터 구경을 하기로 하고 나섰는데 아차, 문제가 생겼다. 현관문을 닫고 보니 키를 안에 두고 나와버린 것이다.
"앗, 어떡해!"
동시에 비명을 지르고는,
"어쩌나, 관리사무소에 가보자."
"일요일인데?"
"그래도 당직은 있겠지."
"벽에 걸린 내선전화기로 전화해 볼까?"
"벽? 어떻게 들어가려고?"
"아! 우리 지금 밖이지. 창문 열린 곳 없나?"
"잠갔지, 열렸대도 넘어갈 수 있는 구조가 아냐."
"그래도 바로 확인해서 다행이지 실컷 놀다가 밤중에 와서 키 없는 것 알았으면 어쩔뻔했어. 한밤에 호텔 찾아 헤맬 수도."

"그렇겠지."

"아무래도 루스 선생님께 카톡 보낼까, 일요일 아침이라 좀 그렇긴 한데."

"관리실 전화번호? 아! 참, 엄마 ANU에서 메일 받은 거 있잖아. 숙소 관련 안내 메일."

"그렇지, 메일에 첨부 파일이 있었지."

메일을 찾아 관리실 전화번호를 확인했으나 영어로 해야 할 통화가 겁부터 나 일단 관리실로 직접 가보자며 우리는 종종걸음으로 달려갔다. 하지만 일요일, 역시나 관리실 입구가 잠겨 있다.

하는 수 없이 딸이 전화를 걸어보았다. 고맙게도 통화 연결이 되었고 바로 사람을 보내겠다는 답을 받은 우리는 다시 숙소를 향해 달음질쳤다.

"그냥 숙소 앞에 가만히 앉아 전화했어도 될 것을 생고생하네."

"그러게~ 어쨌든 해결은 되니 다행!"

허덕거리며 달려와 숨을 돌리는 찰나 ANU 스티커가 붙은 하얀 차가 숙소 앞으로 들어왔고 남자가 내려서 우리 호실을 확인하더니 딸깍 문을 열어주었다.

문 열 때마다 열쇠를 떠올릴 방법을 마련해야겠다며 손수건을 안쪽 손잡이에 칭칭 감아두고서 가방 안에 키를 야무지게 챙겼다. 딸이 있어서 천만다행이지 만약 나 혼자였으면 도리 없이 휴일을 보내던 루스 교수를 기어코 성가시게 했을 거다.

　대체로 노상에서 열리는 우리의 주말장터와는 다르게 캔버라 외곽의 장터는 큰 건물 안에 품목별로 자리가 정해진 듯한데 그림, 옷, 장신구들의 색감이 매우 화려하다.

　가장 오래 머문 곳은 굵은 통나무에 멋진 무늬를 입힌 악기를 부는 남자 앞이었다. 웅웅 둥 웅웅 둥, 묘한 소리를 내는 악기는 대금을 닮은 듯도 한데 굵고 길어 그 사람의 몸체만 해 보였다. 구릿빛 단단한 몸, 우람한 악기에 비해 앉아 있는 휴대용 의자가 너무 작게 느껴졌다. 등 뒤에는 짐을 끌고 온 수레가 벽에 세워져 있고 음식 그릇으로 보이는 둥근 통이 놓여 있었다. 어깨끈이 가느다란 윗옷을 걸친 남자의 긴 팔은 현란한 뱀의 문신에 덮였고 검은색에 흰 줄이 그

어진 벙거지모자, 검은 하의가 묵직해 보이는 데다 가끔 고개를 들어 눈을 위로 뜨면 흰자위가 번득했다.

몇몇 종류별로 가지런히 펴놓은 그림은 색감이 먼저 시선을 끌었다. 가운데의 둥근 원을 무지개 뱀이 감싸고 있거나, 원의 무늬 밖에 네 개의 직선과 네 개의 곡선이 길처럼 나 있는 그림, 원주민을 상징하는 것으로 보이는 사람들이 팔과 다리를 가늘게 펼친 그림 등 서른 점 정도였다. 눈으로 그림을 훑어보는 동안에도 호주 토착 원주민들이 조물주로 신성하게 여긴다는 무지개 뱀을 온몸에 한껏 드러낸 남자의 악기는 쉬지 않고 웅웅 소리를 냈다. 신비한 분위기의 그림 앞에서 하염없이 울리던 그 음악이 구슬프고 애잔해서 오래 그 자리에 머물렀다.

나중에 알게 된 '디저리두'라는 이름의 이 악기를 원주민들은 '이르다키, 마고, 이리카' 등으로 부른다는데 흰개미가 파먹어 속이 빈 유칼립투스 나무를 이용해 만든다고 한다. 그 어느 하나도 같은 소리와 모양이 없어 불규칙하고 다양하며 원주민들의 축제나 의식에 중요한 역할을 하는 악기라는 걸 알았다.

나는 다룰 줄 아는 악기가 거의 없다. 초등학교 때 짝짝이라고도 부르던 캐스터네츠, 삼각형 트라이앵글이 전부였고 노동조합에서 탈춤반 활동을 하며 꽹과리와 장구를 잡아보긴 했으나 손재주가 둔한 탓인지 잘 배우지 못했다.

가야금이나 대금 같은 우리 악기 소리는 섬세하고 아름다우나 본 게 그뿐이라서인지 양반들의 풍류를 연상하게 되어 서민들이 다가서기엔 너무 높게만 느껴진다. 종류도 많다는 서양 악기 또한 화면이나 그림으로 보는 정도의 다른 세상 풍경일 뿐이다.

호주의 장터에서 본 디저리두는 원주민들의 전통악기라는 정보가 없이 처음 보고 들었을 때도 깊은 동굴에서 울리는 것 같은 소리가 서럽기도 한데 신비로우면서 힘이 있었다. 원주민의 후예로 보이는 사람이 불고 있어서 더 그랬을까, 그들의 역사를 응축한 느낌이었다.

잔상이 많이 남아 나중에 또 한 번 장터에 갔는데 이때는 디저리두 불던 그이는 없고 백인 남자가 다른 그림을 펼치고 있어서 섭섭했다.

51

캔버라의 노을

속이 빈, 긴 나무로 만든 악기 '디저리두'를 부는 남자.
"웅웅 둥—" 하염없이 울리던 그 소리가 구슬프고 애잔했다.

호주는 제조공장이 별로 없어 공산품이 비싸다더니만 장터의 물가도 만만치 않다. 작은 유칼립투스 꿀 한 병을 산 뒤 장터 옆 유명하다는 햄버거 가게에 갔더니 홀 안팎이 와글와글 대단했다. 이십 분 넘게 기다려 받은 버거를 들고 아름드리 대왕참나무 아래 자리 잡았다. 이곳 사람들이 야외에서 음식 먹는 게 자연스러우니 덩달아 길거리든 어디든 별 개의치 않게 된다.

인천공항에서 시드니까지 8,515킬로미터, 시드니에서 캔버라까지 280킬로미터를 날아 온, 땅 넓고 키 큰 사람들의 나라에는 그들 사는 방식이 있다. 문화는 옳고 그름이 아니라 풍습인 거다.

나를 안전하게 캔버라에 안착시킨 딸은 영어 문맹 엄마가 걸핏하면 나가서 걸어 다닐 일이 걱정되었는지 구글맵을 깔아 열심히 설명하고 자주 가는 장소에 표시까지 해준 후 시드니로 떠났다.

딸은 떠나기 전날 장을 봐놓고 고장 난 청소기를 관리실에 연락해서 새것으로 교체해 주고 학교 연구소까지 가는 길도 다시 한번 확인시켜 준 후 그래도 보호자가 어린애 떼놓고 가는 표정을 짓긴 했다. 엄마 곁을 잠시도 떨어지려 하지 않던 삼십 년 전의 아기는 이제 든든한 동반자가 되어 있었다. 덕분에 공항의 복잡한 입국심사가 하나도 걱정되지 않았고 어디든 하자는 대로, 가자는 대로 따르면 되었다. 웬만한 소통은 다 되는 딸을 보면서 언어를 배운 게 얼마나 든든한 기반이 되는지 새삼 느껴져 부럽기도 했다.

어둑한 새벽에 딸이 떠난 후, 육십 년 넘게 사는 동안 내가 본 중에 가장 큰 호숫가를 산책하며 지금 누리는 호사가 비현실적으로도 느껴진다. 아무도 없는 타국의 눈부신 아침에 혼자 서 있는 풍경이 낯설고 아득해지기도 한다.

ANU의 사람들

 오십에 대학생이 되어 공부할 때 4년을 드나든 대학교는 규모가 아담해서 적응하기에 편했으나, 어쩌다 정문에서부터 강의실까지가 아득히 멀어 보이는 대학에 가게 되면 어깨가 좀 움츠려지곤 했다.

 그런 내가 땅 넓은 오스트레일리아 국립대학교 안으로 들어선 첫째 날이었다.

 초청자이자 보호자가 된 루스 교수 뒤를 졸졸 따라 걷는데 연구실들이 있는 건물 내부가 미로처럼 빙글빙글 복잡하다.

 일본인 학자 노부코 교수가 사용하고 있는 연구실을 내가 같이 쓸 수 있다고 해서 힐끗 들여다본 후 다른 방들을 지나 루스 교수의 연구실에 도착했다. 책장이 간결했다. 만학도로 공부할 때 가끔 본 교수들의 연구실에 켜켜이 쌓였던 책들을 떠올리며 농을 던졌다.

"선생님, 책이 많지 않네요, 공부 별로 안 하시는 거 아네요."

"하하, 책은 집에 있어요. 작가님 책도 집에 잘 꽂혀 있습니다."

그는 박사학위 논문으로 발표 후 한국에서 번역 출판한 《여공문학》을 쓰는 동안 매일 일과 후 서너 시간씩 사전을 펼쳐놓고 여기서 책을 읽었다고 말했다.

이 방에서 한 외국인 여성학자가 수많은 저녁마다 타국 여성 노동자들의 글을 읽어내며 이해하고 있었다니, 그리고 또 한세월이 지나 활자 안의 어린 여성 노동자는 육십 중반을 넘어서고 사전을 펼쳐 한 자 한 자 읽어내던 학자는 중후한 교수가 되어 언어의 벽을 넘어 이야기를 나누고 있다니, 뭉근히 차오르는 감회를 누르며 생수 한잔을 마셨다. 이어 다른 층의 인도 파키스탄 베트남 등을 비롯한 아시아권 연구실을 지나 드디어 궁금했던 한국학연구소 모임방인 코리안코너에 이르자, 벽에는 흰 치마에 자주색 저고리의 한복

한 벌이 가지런히 걸려 있고 옆의 벽에 훈민정음 액자가 달려 있는 걸 보며 살짝 심장이 뛰었다.

책장에는 임권택의 영화들, 〈바보선언〉 등의 영화 테이프들과 한글 교과서며 동화책들이 진열되어 있고 한국어를 배우는 외국 학생들이 쓴 그림일기 같은 산문이 붙어 있다. 마치 학부모 방문 날 실내 곳곳을 장식하는 초등학교 저학년 교실이 떠올라 빙긋이 웃음이 비어졌다. 방석과 액자도 우리의 전통 문양으로 갖추어져 반가움을 더 높였다.

루스 교수의 연구실로 돌아와 그가 잠시 다른 일을 보는 동안 혼자 앉아 창밖의 키 큰 유칼립투스 나무들과 파란 잔디의 넓고 시원한 교정을 바라보았다, 간간이 복도를 지나는 교수들의 발소리와 나무를 쪼는 새소리들은 이국적 자연일 뿐만 아니라 나로선 참으로 낯선 이미지다. 그 풍경 속으로 처음 본 대학교 정문이 떠오른다.

원풍모방에서 일한 10대 후반에서 20대 초반, 휴일에 가끔 배낭 메고 자주 가던 관악산은 아이러니하게도 흔히들 우리나라 최고라 일컫던 대학교가 있는 곳이었다. 정류장 옆 학교 입구에 세워진 높은 구조물 안으로 책을 들고 당당히 들어서는 또래의 학생들이 마치 궁궐 안의 황족 같아 힐끔힐끔 가는 눈길을 애써 돌렸다. 뭔가 위축되면서도 한편으론 궁금하기도 해서 굳이 학교 안을 통과해 교정을 슬쩍 걸어본 후 이어진 등산로를 따라 관악산을 오른 적도 있다. 산 위의 둥글넓적한 바위에 철퍼덕 앉으면 학교 건물은 이미 저 멀리 아득해져 있었다.

    호주 대학교의 교수들과 식사를 하기 위해 잔디마당을 몇 개 지나 십오 분쯤 걸어 올라간 식당이 근사했다. 신경 써 정했을 텐데 아쉽게도 내 입맛에는 기름기가 많고 짜서 잘 먹지 못했다. 나중에 보니 다른 식당의 음식도 대체로 짭짤한 느낌이었는데 호주의 기후 탓인지 모르겠다. 음식보다 근사한 건 사람들이었다.

    "한국에서 태어났으나 한국에서는 9년밖에 살지 못한, 그래도 한식이 그리운" 30대의 연구자 하연 선생은 아버지의 직업 관계로 이집트, 레바논, 미국 등등 세계 각국을 돌며 공부한 후 호주에 온 지 4개월 되었다는데 '마치 4년 된 사람 같다.'고들 입을 모았다. 친화력 좋은 자유롭고 맑은 동공이 사람을 훅 끌어당기는 매력이 있다. 성격 좋아 보이니 말 붙이기도 편하다. 점심을 먹은 후 차를 나누는 동안 물어보았다.

"여기 생수 배달 해주는 곳 있나요?"

"저한테 브리타 정수기가 있는데 빌려드릴게요, 내일 아침에 숙소 앞으로 가지고 갈게요."

다음 날 그녀는 깨끗이 씻은 정수기와 새 필터, 한국 수세미까지 가져다주었다.

체구가 아담한 은선 선생은 눈동자에서 호기심이 반짝거렸다. 호주 남자와 결혼해 아직 돌이 되지 않은 아기를 키우는 엄마여서인지 아기 어를 때 같은 표정으로 수없이 질문을 하는 사람, 학문적 열정이 넘쳐 보였다. 그는 미리 작정했던 듯 자신의 수업에서 〈82년생 김지영〉을 본 후 이야기를 나눌 텐데 함께 할 수 있느냐고 물었다. 당연히 좋은 일이기도 하지만 그 눈동자에 대고 누가 거절할 수 있을까.

단정하면서 예의 바른 이미지의 일본인 학자 노부코 선생은 한국 노동사 전공자답게 한국어를 잘했고 역시 노동에 관심이 많았다. 그는 호주의 노동환경이 놀랍다며 사례를 들었다. 거주하고 있는 건물에 고장 난 승강기 공사를 하는데 공휴일은 쉬는 게 당연하지만, 중간에 연휴가 껴 있어도 다 쉬러 가버려 공사가 멈춘다, 일본이라면 2개월에 거뜬할 공사가 6개월이나 걸리고 있다고 루스 교수에게 말했더니 '사용자와 노동자 간에 합의된 내용이라 당연하다. 공사 기간이 중요한 게 아니고 합의가 중요하다'는 대답이 돌아왔다며 감탄했다.

그러자 은선 선생이 전에 남편과 한국에 다니러 갔는데 남편이 한국 서비스 너무 프로페셔널하고 친절하다, 호주가 뒤떨어진다며 감탄하더라고 말했다. 외국인의 눈에는 빠르고 깍듯한 측면만 잘 보였을 수도 있겠다.

짧은 기간 내가 경험한 호주의 친절은 여유가 있어 보였다. 우리나라 백화점 개점 시간에 들어서면 직원들이 정렬하고 서서 깍듯이 절하며 맞이하는 풍경이 매우 거북해 뒷걸음을 치다시피 한 적이 있는데 그런 느낌과는 달랐다. 어쩌면 자연스럽고 느긋해 보이는 노동의 풍경은 합의를 만들어내는 힘의 차이일까.

노사 합의!
오래전 합의의 힘으로 보호받은 적이 있었다.
인천지역의 방직공장에 '구사대'라고 통칭하던 괴한들이 회의 중인 노동조합 사무실에 들이닥쳐 여성 노동자들의 몸에 똥물을 퍼부으며 난동을 부렸는데도 언론이 한 마디도 보도하지 않던 때, 폭력을 당한 피해 노동자들만 구속하고 해고하던 어처구니없던 때, 폭력 사례가 비일비재하던 때, 그들과 연대해서 항의 시위를 하다 구속되었다.
징역을 산 후 석방된 여섯 명 동료 중 나만 뺀 다섯 명은 각각의 공장에서 앓던 이 빼내듯이 해고되었는데 튼튼한 노조를 가진 공장노조원이었던 나만 노동조합 행사장 단상에 올라 환영 박수까지 받으며 원직 복직되었다. 단체협약에 못 박은 '노사 합의문' 조항 덕이었다.

61

캔버라의 노을

'조합원에 대한 해고는 노사가 합의하지 않으면 할 수 없다.'

회사는 이 한 줄 때문에 노조가 합의해 주지 않아 나를 해고할 수 없었다. 1978년도의 공장에서 '합의의 힘'이 작동했던 노동조합, 그건 정말이지 꿈 같은 일이었다. 이제는 빼앗겨, 다시는 올 수 없는 꿈.

제법 한참 수다를 떨었다.

루스 교수가 지갑 들고 계산하러 가는데도 아무도 아랑곳하지 않고 이야기에 집중한다. 식당을 예약하거나 계산하는 일 등을 젊은 연구자에게 맡기지 않고 직접 다 하는 교수, 위계나 서열을 느낄 수 없었다. 이들이 특별히 좋은 사람인 건지 호주의 학풍이 그런 건지. 그런 게 아무렇지 않은, 직책 위계 권위 나이 등이 사람의 특별함을 만들지 않는 자연스러움에 소심한 내 어깨가 펴지는 느낌이었다.

영어 소통? 소동?

한 주가 지났을 때였다. 새벽에 캠퍼스를 한 바퀴 걷는데 낮에는 공을 차며 왁자하던 운동장이 텅 비어 있었다. 파란 잔디가 폭신폭신 어찌나 고운지 맨발로 달려보았다. 이런 천연 잔디 위에서 마음껏 공을 찰 수 있는 학생들은 복도 많다.

환경에 따라 사람의 성격이 영향을 받는다고 한다. 공간이 넓고 천장이 높으면 마음도 시원해지는 게 사실이다. 손바닥만 한 공간에서 복작이다 보면 시야는 좁아지고 부딪치고 다툴 수밖에 없으니까. 가난이 더 슬픈 건 좁은 굴레에 갇히는 탓이다. 넓은 세상을 보지 못한 사람은 내가 봐온 세상 밖을 꿈꾸기 쉽지 않다. 반드시 그렇지는 않더라도 태평양과 대서양을

캔버라의 노을

달려보고 세상의 하늘 위를 날아본 사람의 시야가 벌통 같은 셋방과 미어터지는 지하철만 타본 사람과는 좀 다르지 않으랴. 그래서 더욱 이곳 학생들이 누리는 공간의 넓이와 푸르름이 부러운, 지식도 시야도 좁은 나는 종종 좌충우돌한다.

두부와 버섯, 호박에 차돌박이를 몇 점 넣어 끓인 된장찌개로 아침을 먹는데 누가 문을 두드린다. 이 시간에 누구지? 혹시 뭐 문제가 있나? 긴장하며 수저를 놓고 미처 현관 앞으로 나가기도 전에 찰칵 문이 열린다.

여자 둘이 클린, 뭐라 하는 걸 보니 청소하러 왔나 보았다. 청소까지! 황송하긴 하지만 나로서는 불편하고 부담스럽다.

뭐라고 사양할까? 잠시 당황하다 얼른 셀프, 마이 셀프! 하고 외쳤다. 그들이 알아들었다.

"Self?"

"Yes, myself."

체격이 좋은 여자가 방을 한번 힐끗 들여다보더

니 Thank you, 했고 나도 Thank you로 정리되었다. 그런데 잠시 후 다시 문을 두드리더니 객실 비치용 샴푸 두 개를 넣어준다.

오, 땡큐!

그렇게 아침의 소통을 매듭지었다. 청소야 뭐 내가 얼마든지 더 잘할 수도 있지. 떡 본 김에 제사 지낸다고, 미리 사다 둔 철 수세미에 비누를 묻혀 세면장을 박박 씻어주고 침실과 거실도 깔끔히 치운 후 청소기 안의 찌꺼기를 비워내느라 뚜껑을 열어 털어냈는데 이게 다시 끼워지지 않아 한참 씨름했다. 워낙 기계치라 말 안 통하는 곳에서 뭘 건드리는 게 겁이 날 지경이다.

숙소 안이 상큼해진 후 가방에 필기구를 챙겨 담고, 걸어서 5분 안짝에 있는 오스트레일리아 국립영상 아카이브 건물 카페의 주문대 앞에 섰다.

디카페인 커피와 진열된 케이크를 하나 지목하는데 주문을 받은 남자가 자꾸 뭔가를 되묻는다.

결국 파파고를 열어 '카페인 없는 따뜻한 커피 한 잔과 케이크 한 조각'을 써서 번역된 활자를 보여주니

비로소 정확해진 모양이다. 우유를 첨가할 거냐고 다시 물어 고개를 저었다. 커피를 들고 야외 탁자에 앉아 분위기를 잡았는데, 공간이 사방 벽 가운데 중정처럼 쏙 들어가 있어 후덥지근하다. 커피만 마시고 일어나 상영관에 가보니 국가 홍보자료로 여겨지는 영상물이 저 혼자 흐르고 있다. 멜버른이나 캔버라는 지나갔는지 'Sydney'로 바뀐 화면에 도시 시드니의 전경과 평화롭고 행복해 보이는 출근자들의 가정 풍경, 아이들의 학교 길, 마트의 풍성한 식품이 탐스럽게 펼쳐진다.

흰 얼굴에 노란 머리카락의 엄마와 딸이 꽃들 가득 핀 집 앞에서 긴 몸에 깔끔한 셔츠를 입은 아빠의 출근을 배웅하는 모습, 푸른 잔디 위를 자전거로 달리는 젊거나 나이 든 사람들, 산처럼 쌓인 가게의 풍성한 식품들이 지상낙원 같아 보인다.

그 풍경 안에 터전에서 쫓겨나거나 아이를 빼앗기거나 총 맞아 죽은 원주민들의 그림자는 보이지 않는다.

묘하게도 이날은 낯선 이들과의 소통이 많은 날

이었다.

노트북을 열어 이메일을 확인하니 ANU 행정실에서 보낸 긴 안내 메일이 와 있다. 그나마 업무를 이렇게 처리하니 나로선 다행이다. 다른 메일도 한 통 보인다. 거주하는 LIVERSIDGE COURT 옆 건물 공사가 4월까지 진행 예정이며 다음 주 이틀간 크레인 작업을 하게 되어 소음이 있을 수 있으니 양해해달라는 내용이라 답이 필요하지는 않은데, 또 하나의 영문 메일이 있다.

중간 청소를 하려고 직원이 갔는데 본인이 직접 하겠다고 한 게 맞느냐? 확인하는 내용이다.

이건 답을 해야 한다.

Thank you.
I'll clean it myself.
Have a nice day.

소위 글을 쓴다는 사람이 방을 차지하고 앉아서 기계에 의지해 문장 예법이 맞는지 아닌지 모를 짧은

캔버라의 노을

파란 잔디가 푹신한 캠퍼스. 이곳 학생들이 누리는 공간의 넓이와 푸르름이 부러운, 지식도 시야도 좁은 나는 종종 좌충우돌한다.

답을 했다. 나를 어느 만큼 알고 있는지 모르겠으나 도리가 없다.

지식도 권력이다. 특히 영어는 또 하나의 권력이다. 오로지 최소한의 문맹을 벗어나고자 애쓰는 사람들이 많고 나도 그러하지만, 이 차이는 틈이 매우 크다.

이틀째 온수가 나오지 않은 적도 있었다. 첫째 날은 옆 건물의 공사와 관련하여 뭘 잠갔거나 일시적 문제이겠거니 하고 지났는데 이틀이 지나는데도 마찬가지다.

할 수 없이 관리실에 메일을 보냈다. 방문해도 되겠느냐는 답이 금방 왔고 5분도 채 지나지 않아 바로 문 두드리는 소리가 났다.

챙모자를 쓴 젊은 남자가 "Hi!" 하며 들어섰다.

남자는 청소기로 깨끗이 닦아놓은 카펫 위에 신발을 그대로 신고 세면장으로 들어가 수도꼭지를 한참 틀어보더니 뭔 말인지 하고 나간다. 아마 조치하겠다는 말이겠지 짐작하며 그냥 오케이 해버린다. 중요한 이야기면 메일이 오리라 믿어버리며 부디 복잡한 문제로 대화해야 하는 상황이 아니기를 바랐다.

    10분쯤 후 주차장에 다시 차가 들어오는 소리가 들려서 주방 창으로 내다보니 흰색 학교 차가 맞다. 남자가 연장을 들고 1층의 창고 같은 곳으로 들어가는 게 보인다. 그곳에 수도나 전기 등 설비가 있는 모양이다. 얼마 지나지 않아 자동차 나가는 소리가 들려 물을 틀어보니까 뜨거운 물이 시원하게 콸콸 나온다. 호수 한 바퀴 돌고 와 따뜻한 물로 샤워하니 행복하다. 당연하게 누리던 것의 소중함을 절감하며, 소통하지 못하는 언어가 해결된 시원함으로.

호주 국회의사당에서
떠올리는 '치타 여사'들

　벌리그리핀 호수를 걷다 보면 호수 이쪽과 저쪽을 잇는 육교 위, 직선으로 이어지는 언덕을 따라 파란 잔디가 눈에 들어오는 궁전 같은 곳이 보인다. 언덕에서 시내를 향해 빛을 뿜는 근사한 건물이 캔버라의 중심을 연결하고 있어 사진으로 보았던 국회의사당이라 짐작했다.

　걸어서 가보기로 했다. 버스노선을 확인하는 것이 어렵기도 하고, 워낙 길이 넓고 파릇파릇해서 걷기 좋아하는 나로서는 그게 편하다. 갔던 대로 되돌아오면 되니 길 잃을 염려도 없다. 캔버라는 웬만한 위치에서 시내가 눈에 들어오는데, 시야를 막는 고층 건물이나 복잡한 골목이 별로 없어서다.

71

캔버라의 노을

　호주의 도로를 건널 때는 보행자 버튼을 눌러야 파란 불이 들어오고, 다섯 걸음이나 걸었을까 싶은 순간에 맹렬한 신호음과 함께 빨간불이 켜진다. 마음이 급해지는데 운전자들이 움직이지는 않는다. 처음엔 이 방식이 익숙하지 않아 꽤 허둥거리곤 했는데 열흘쯤 지나니 느긋해졌다. 운전석이며 신호체계며 뭐든 우리와 달라 우리나라 사람들이 여기서 운전하려면 한참이 걸리지 않을까 싶다.

　그렇게 횡단보도를 지나고 육교를 건너다 보니 'Parliament House' 표지판이 보인다. 다리에서 보았을 때는 쭉 걸어만 가면 금방일 것 같았는데 건너고 나서도 길을 꺾고 숲을 지난 후에야 곧게 뻗은 의사당 길이 나왔다. 세계 각국의 국기가 공중에서 휘날리고 있었다. 시원하고 웅장한 전망이다. 건축물의 아름다움이 눈을 사로잡았고 비스듬한 언덕처럼 뻗은 지붕의 초록 잔디에서 새들이 노는 풍경도 그림 같다. 땅이 넓으니 뭘 해도 규모가 엄청나다.

　의사당 안은 곳곳에 폭신한 의자를 배치해 두어 책 들고 와서 읽으며 하루 종일 보내도 될 법하다. 호주의 유명 화가 작품일 게 분명한 그림들과 정치사에 중요한 인물들이라 짐작되는 사진이 나란히 걸려 있다. 의회가 열리는 장소로 보이는 강당은 천장이 높고 이층에서도 보이는 시원한 배치였으나 의자는 평범해 보인다. 관람석인 이층 의자가 더 폭신한 거 같다.

호주의 역사나 인물들에 대한 지식이 없어 공간을 둘러보는 정도에 그쳤지만, 좋은 선택이었다.

의사당 내 디저트 카페에서 컵 과일과 케이크 한 조각을 주문해 야외 탁자에 앉아 핸드폰을 열었다. 언니가 심심할 때 해보라며 우리말 초성으로 속담을 맞히는 문제를 열 개쯤 보내온 게 있다. 목마른 놈이 우물 판다, 불난 집에 부채질한다, 아니 땐 굴뚝에 연기 나랴, 소 잃고 외양간 고친다, 마른하늘에 날벼락, 뭐 이런 속담들인데 한 개는 도무지 안 풀려 집중하다 문득 이러고 앉아 있는 내가 우스워 픽 웃는다. 비행기로 열한 시간을 날아 온, 영어 쓰는 나라 국회의사당 안에서 미국 사는 언니가 보내온 한글 초성 속담 맞히기를 하고 있다니. 반드시 해내고 말 거라고 뇌신경에 힘을 팍 주며 두 눈을 부릅뜨고 세종대왕이 창제하신 훈민정음의 모음과 자음을 바라보고 있다니.

절대 치매는 안 걸리겠네, 어쩌고 해가며 언니와 잠시 문자 수다를 떤다. 언니는 영어권에서 내가 어떻게 지내는지가 매우 궁금한가 보다. 본인의 초창기 미국 생활이 생각나서 더 그럴 것이다.

―언니 고생 많았어.

나는 진심으로 언니의 세월에 경의를 표하는 문자를 보냈고 언니가 답했다.

―여기도 한인타운이 있어서 생활은 괜찮았지만 일을 해야 하는데 미국인 상대할 때 언어 땜에 힘들었지.

수십 년 전 먼 나라 땅에서 생존이 절박했던 언니의 처지는, 핸드폰이 통역을 해주는 이 시대 여행자의 조건과는 너무나 다르지만, 자신이 겪은 어려움들로 내가 자꾸 염려되는 모양이다.

아이를 키우면서 주눅 드는 순간이 많았다. 지금도 그런지 모르겠지만 새 학기나 상급학교 진학 때에

빈칸을 채워서 보내야 하는 가정환경조사 항목이 특히 그랬다. 아이의 성격이 어떤지, 알레르기 같은 특이 사항이 있는지, 무엇을 신경 써주면 좋겠는지 등의 배려 차원이 아닌, 도대체 무엇에 쓰려는지 모를 부모 학력이나 직업을 써내야 하는 것이 곤혹스러웠다. 특히 최종 학력란을 놓고는 매번 심장이 조여들었다. 공부 못 한 것이 죄는 아니니(죄라니! 나는 열여섯 살부터 공장에서 일해 집안을 도우며 개발도상국 시대의 경제 발전에 일조했는데) 부끄러울 이유가 없는데도 부끄러웠고, 빈칸에 적어 넣은 부모의 학벌만큼 아이가 차별당할지도 모른다는 기우에 위축되었다. 나는 차마 초등학교 졸업이라고 적지 못하고 편협한 세상에 굴복하듯 '고졸'이라고 썼다. 야학이나 사설 교양학원에서 공부한 것들을 끌어모으면 졸업장만 없을 뿐 고졸 정도는 된다고 스스로 합리화했다. 내 나이에 고졸이면 웬만큼은 공부한 정도로 치던 때였다. 어차피 타향이니 누가 알아볼 리도 없고 학부모 운영위원에 출마하지 않는 한 부모 이력을 검증할 사안도 아니었다. 나만 그런 게 아니라 비슷한 경우의 사람들이 한결같이

'고졸'이라고 적었다는 사실에 울컥했다. '학력 허위 기재'의 슬픈 원조들이 아닐 수 없다.

법 조항은 명백히 국민 모두 평등하다는데, 누구도 부인할 수 없는 사실, 우리 사회에서 학력은 사람을 평가하는 기준으로 작용해 버린다. 신체의 어느 곳이 불편하거나 아픈 것이 죄가 아닌데도 못마땅해하거나 무시하는 태도를 지닌 이가 너무 많은 사회는 학력이 없는 자에게도 같은 태도를 보인다. 오히려 힘 가진 자나 기득권에 관대한 사회다. '차별금지법 제정'을 두고 국회가 설전을 벌일 정도로 차별이 큰 화두인 사회에서 학력의 결핍은, 감추고 싶은 장애 같은 것이었다.

초등학교를 졸업한 후 진학하지 못한 나는 친구들이 학교에 가는 길을 피해 집 뒤의 언덕에 올라 소 치는 목동이 되었다. 둥근 바위에 앉아 외양간 고삐를 풀고 나온 소가 파란 풀을 입안으로 거침없이 휘감아 먹는 모습을 바라보았다. 소 풀 먹이는 일은 그중 쉬운 일이었다. 호미로 하는 밭일은 힘도 들지만, 친구들이 교복 입고 등하교하는 길목을 지나야 해서 괴로웠다. 초등학교 때 삼총사로 불릴 만큼 친한 친구들이 있었다. 나를 뺀 두 명은 중학생이 된 후 더욱 친해지는 것 같았다. 속이 깊은 친구들이라 학교에 가지 못하는 나를 배려하고 다정하게 대했지만, 그들은 뭔가 새롭게 성장하면서 어딘가로 나래를 펴는데 나는 혼자 밭고랑에 앉아 개미만 들여다보았다. 작은 키가 더 졸아드는 느낌……. 그 친구들이 주일이면 모여서 교회에 간다고 했다. 진학과 비진학으로 공간적 거리도 멀어졌는데 친구의 권유로 두어 번 나가던 교회도 그만두었다. 학생들 틈에서 서먹하기도 했지만, 교회의 '학생부' 구조가 불편했다. 이런 경험들이 청소년기 내내 주눅 들게 했다. 학생부, 중고등부, 대학생부, 이런 건 있는데 '노동'이 설 자리는 없었다. 더구나 그 시절은 옷이 귀해서인지 학생들은 주일에 교복을 반듯하게 다려 입고 교회에 다니는 경우가 많았다. 교복과 작업복은 마치 계급의 서열처럼 다르게 인식되었다. 그러니 설령 '노동자부'라는 걸 만들었대도 누가 작업복을 다림질해 입고 가서 나 노동자예요, 하고 나설 수 있었겠는가.

캔버라의 노을

 그런 날들에 중학교에 진학하지 못한 친구와 둘이 저녁마다 동네 선배 언니네에 영어 공부하러 가게 되었다. 언니가 먼저 가르쳐주겠다고 권한 것으로 기억한다. 공부 잘하고 단아한 그 언니는 소아마비로 다리를 많이 절었다. 장애를 지닌 자신의 처지와 중학교에 가지 못한 우리의 결핍에 동병상련의 감정을 느꼈던 것일까? 대소문자를 구별해서 쓰기 편하게 만들어진 알파벳 노트와 필통을 들고 어두워진 후에 언니네 방에 앉아 A, B, C, D를 외웠다. 방 앞에 쇠죽솥이 걸려 있던 방을 언니가 혼자 쓴 것을 보면 잘 사는 집이었던 것 같다. 하지만 선의의 무료 과외는 짧았다. 친구는 부산의 공장으로 나는 서울로 갔기 때문이다.

 서울로 떠난 후 고등학생이 된 친구들이 편지를 보내왔다. 공장에서 일하면서도 고향 친구들과 많은 편지를 주고받았다. 어쩌면 고향을 떠났기에 편해진 끈이었을지도 모르겠다. 하지만 동창회는 한 번도 가지 않았다. 중, 고등학교로 이어진 친구들의 새 친구들이 낯설었기 때문이다.

 1978년 여고생을 주인공으로 한 영화 〈진짜 진짜

좋아해〉가 큰 인기였다. 영화 포스터에 교복 입은 상큼한 모습으로 등장한 임예진은 '국민 여동생'이 되었다. 캠퍼스를 배경으로 하는 드라마나 영화가 주를 이루었고 아름다운 청춘남녀들의 캠퍼스 연애는 꿈 같았다. 낭만적이고 로맨틱한 상상은 늘 하얀 교복 깃이나 대학의 교정에 있었다. 공장 작업복과 자꾸 뒤로 감추게 되는 기름때 묻은 손으로 낭만 따위를 꿈꿀 수 없어 미리 접고 포기하는 게 익숙해졌다. 사람들이 임예진을 '진짜 진짜 좋아'하던 그 시절, 나는 한 해 전 대학가요제에서 히트 친 제목도 얄미운 '나 어떡해'를 불렀다.

70년대 후반에서 80년도 무렵, 영등포나 구로동 일대의 공장에서 일한 여성 노동자들의 상당수가 "나도 거기 다녔어"라고 얘기하는 데가 있다. 영등포 로터리 지금의 신세계백화점 맞은편쯤 자리했던 한림학원이었다. 그때 그 주변은 대학생처럼 책 몇 권과 소위 대학노트를 삼각끈으로 고리를 채워 옆구리에 끼고 우르르 버스에서 내리는 10대 중후반의 여성들로 인산인해를 이루었다.

두세 개 층을 통째로 쓰던 건물에 한림학원이라는 간판이 크게 있었다고 기억한다. 학원에서는 요일을 바꿔가며 하루에 두세 시간 국어, 영어, 한문, 주산 등을 가르쳤다. 교양과목도 있었는데 체구가 단단하고 목소리가 우렁우렁하던 중년의 원장이 두 팔을 쭉 펼치고 "You are my sunshine"을 유창하게 부르며 영어 노래를 가르쳐주기도 했다. '당신은 나의 태양, 오직 나의 태양' 정도만 이해하는 노래 가사를 외우며 나의 태양은 과연 무엇일지 상상하기도 했다. 실상 나는 주산이나 다른 과목엔 관심이 없었고 국어 시간이 너무 좋아 다녔다고 해도 과언은 아니다. 교과서만 읽어도 행복했으니까.

이 학원에 등록하면 상큼한 디자인의 초록색 배지가 나왔는데 대학생인 양 그 배지를 옷깃에 달고 다녔다. 학생이 되고 싶은 소녀들의 욕망을 포착해 경영전략에 잘 접목한 것이었다.

알파벳이라도 깨치려 애쓰던 그 소녀들은 어디에서 어떻게 살고 있을까.

'여중생' '여고생'의 여한을 끌어모아 도전한 학업은
쉰 살에 대학교 교정으로 이르게 해주었고
좀 더 새로운 문장을 꿈꾸게도 했다.

캔버라의 노을

2022년 백상예술대상 작품상 후보로 올라갈 정도로 화제를 일으킨 다큐 영화 〈미싱타는 여자들〉에서 가장 와닿은 장면은 어린 시다들이 온몸을 던져 지키려고 했던 '노동 교실'이었다.

초등학교를 겨우 졸업하거나 중도에 그쳤던 이들에게 자신의 이름을 쓰고 부르는 '교실'은 태산 같은 의미였다. 그중 주연으로 출연한 세 사람은 그 세월을 지나 현재는 학사와 석사 학위까지 취득하여 못 배운 한을 풀었다고 했다. 배움은 재산보다 귀한 무게로 사람의 허기를 메우게 되고, 비로소 '못 배운' 시절의 한을 꺼내놓을 힘을 얻게도 하는 것이었다.

드라마 〈응답하라 1988〉에서 가장 울컥했던 지점도 비슷한 대목이었다.

이제 밥은 먹고 살 만해진 치타 여사가 일본 여행을 준비하는 장면, 치타 여사의 심부름으로 여행사에 간 아들 정환이 엄마에게 전화를 건다.

"엄마 여권에 있는 영어 이름 불러줘."

그러나 치타 여사는 알파벳을 모른다. 하필 집에는 이웃이 놀러 와 앉아 있다. 당황한 여사는 재촉하는 아들에게 가스불에 국 올려놨다며 전화를 툭 끊어버린다. 부엌에서 서성이는 동안 재차 걸려 온 전화를 대신 받은 눈치 빠른 이웃은 수화기를 넘기고 슬며시 나가버린다. 엄마가 미적거리는 까닭을 모르는 아들은 짜증을 낸다.

"엄마 영어 이름 하나 불러달라는데 뭐 그렇게 어려워. 여권 첫 장 열면 사진 옆에 영어로 쓴 이름 있잖아, 빨리 불러주세요."

여권을 펼쳐 들고 머뭇머뭇하던 치타 여사가 입을 뗀다.

"응응 정환아, 저기 있잖아, 엄마가 영어를 몰라, 엄마가 영어를 읽을 줄 몰라. 아들 미안."

미안하다 한 엄마는 하릴없이 깔깔 웃고 아들은 입을 닫는다.

그 어려운 말을 뱉어놓고 웃는 치타 여사를 보는 순간 목이 잠겨왔다. 티브이 앞에서 같은 감정으로 먹먹했을 나의 자매들과 수많은 벗의 얼굴이 스쳤다.

바뀐 한 장면을 덧붙이자면 치타 여사의 큰아들 정봉은 아버지와 목욕탕에 다녀오며 부모의 첫 외국 여행이 염려되어 아버지에게 묻는다. 엄마가 은행에서 일하셨다는 말은 들었는데 대학은 어디를 나왔느냐고.

비로소 아들은 알게 된다. 엄마는 은행에서 일한 게 아니라 열다섯 살부터 시장을 돌며 일수를 찍었고 학력은 국민학교 졸업이 전부였음을.

그 시대를 지나온 사람들의 정서를 정환이들은 상상하기 어렵다. 사회의 밑바닥을 받치며 젊음을 다 보낸 후 흰머리로 노을 앞에 서니 세상이 저만큼 가 버린 마음을.

'불일치'한 호주의 국경일에

다른 날과 다를 게 없는 내가 아침을 먹고 산책에 나서려다 은선 선생이 수업참가일의 시간착오에 대해 전해주면서 오늘은 호주 국경일인데 어떻게 보내느냐고 물어와서야 오늘이 국경일인 것을, 그러나 또 양단의 언어로 규정되고 있는 날이라는 걸 알았다. '축하의 날'과 '재앙의 날'로.

2023년 호주에서는 총리가 야심 차게 추진한 역사적인 하나의 투표가 진행되었다고 한다.

원주민의 목소리를 내는 헌법 기구를 만들고 그에 따라 원주민을 최초의 국민으로 인정하며 이들을 위한 정책을 펴는 기구를 헌법으로 정하는 것을 찬성

하느냐? 반대하느냐? 묻는 투표였다.

그걸 여태? 놀라운데 더 놀랍게도 6:4로 60.69퍼센트가 NO를 선택해 부결되었다는 것이다. 캔버라를 제외한 모든 주에서 NO 표가 많이 나왔다고 한다.

호주의 총리가 YES라 새겨진 티셔츠를 입거나, 유명 인사들과 연예인들이 YES를 위해 운동을 하기도 하며 초기 여론조사는 압도적 찬성 분위기였는데 끝 무렵에 반전이 일어났단다.

'현재 원주민들이 당연히 호주 국민으로 살고 있는데 굳이 새삼스럽게 논란을 만드느냐, 이 투표는 원주민들이 목소리를 낼 수 없다고 하는 거짓말을 전제하고 있다, 이런 투표야말로 역차별이다, 이미 동등한데 특별하게 여기는 게 오히려 분열이다.'라는 논리가 득세하면서 '모르면 NO에 투표하라'는 운동이 일어났다는 것이다. 결국 경제적 어려움 등 여러 가지 정치적 변수까지 더해지면서 나타난 투표 결과라고들 논평하고 있었다. 어느 블로그에는 호주에 다양한 국가의 인종이 이주해서 살고 있으며 일해서 세금 내며 잘 돌아가는데 왜 그 문제가 굳이 거론되어야 하느냐,

매우 화가 난다는 글도 있었다. 호주 국경일로 어느 날이 맞다고 생각하느냐에 대한 의견 또한 64퍼센트의 유권자가 1월 26일, 영국인이 이 땅에 처음 들어온 날을 '호주의 날'로 하는 것에 찬성했다고.

원주민의 권리를 재정립하기 위한 헌법 기구 제정투표가 NO로 결론 난 후 호주의 총리는 "이 불일치가 우리를 규정하는 것은 아니다." 했다는데…….

호주에는 5만에서 8만 년 전으로 추정되는 시대부터 살아온 원주민들이 있었다. 이들을 인류 최초의 시작이라고 보는 시각도 있다고 한다. 이들의 삶터에 불과 230여 년 전 영국 백인들이 들어온다. 영국은 지금의 시드니에 수백 명의 죄수들을 보내 관리하면서 호주의 식민지화 단계를 시작했다는 것. 이날이 1월 26일, 현재 호주가 건국절로 정하고 있는 국경일이다. 하지만 원주민들은 이날을 '재앙의 날'이라 말한다. 또 일부에서 이날을 '침략의 날'이라 해야 한다는 주장도 제기되고 있다고 한다.

영국인들이 건너와 정착한 후 원주민들은 질병에 걸리기도 하고 저항도 하다가 백인들의 총기에 학살당해 거의 90퍼센트가 사망한 것으로 추정한다.

　이후 1900년부터 70여 년간은 호주가 '개화 정책'의 일환으로 16세 이하 원주민의 어린 자녀를 부모로부터 강제로 분리하여 백인 가정에 권리를 주어 입양시킨 후 학교나 기숙사에 수용해 '교육'했다고도 한다. 원주민들은 이 세대를 '도둑맞은 세대' 또는 '잃어버린 세대'라 하고 이렇게 부모에게서 떨어져 '개화' 교육을 받으며 자란 세대의 원주민들이 엄청난 정체성 혼란을 겪었다고 한다. 현재 오스트레일리아 본토의 애버리지니 등 원주민들은 80만여 명으로 호주 전체 인구의 3.3퍼센트에 해당한다고 한다.

　일전 민주주의 박물관 앞 시멘트 바닥에 진짜 사람인 줄 착각할 만큼 커다란 원주민 모형을 놓고 시위하던 장면과 그 옆의 잔디밭에 텐트를 치고 뭔가를 잔뜩 써놓은 투쟁 현장을 보았다. 이들에게 '국경일'과 '재앙의 날'이 하나의 공감 언어로 일치되어 순화되는 날이 올까?

　캔버라가 호주의 수도라서겠지만 국립대학교를

호주 국립미술관에 전시된 조형물 숲. 한강의 《작별하지 않는다》에
나오는 나무 기둥과 함께, 오래전 '탐라국'이었다가
제주특별자치도로 오기까지의 제주도가 연상되는 장면이었다.

비롯해 국립미술관, 국회의사당, 전쟁기념관 들이 시내 주변에 두루 있다.

반드시 가볼 곳으로 손꼽힌다는 호주 국립미술관의 전시관에 들어섰을 때 원주민희생자들의 영령을 상징하는 기둥 조형물 숲이 맨 먼저 눈에 들어왔다. 화려한 색깔인데도 저절로 숙연한 기운을 느꼈고 퍼뜩 한강 작가의 《작별하지 않는다》에 나오는 나무 기둥이 연상되기도 했다. 이런 장면 앞에 서면 오래전 '탐라국'이었다가 제주특별자치도로 오기까지의 제주도를 연상하지 않을 수 없다.

백여 년을 몽골의 침입과 지배를 겪은 제주도민은, 왕의 식탁을 위해 목숨을 걸고 채취한 해산물을 한양으로 진상하고도, 출륙금지령으로 육지행이 막히는 세월을 살고도, 일제 치하의 수탈을 최전선에서 겪고도, 1948년 당시 도민 십 퍼센트에 이르는 3만여 명의 희생자를 낳은 4.3의 비극을 겪어야 했다.

제주 4.3 평화공원, 생각해 보면 이 명칭도 참 아이러니하다. 원통한 주검을 안치한 묘비로 이루어진 공원이 평화공원이라니, 평화 기원공원이라면 모를

까. 어쨌건 이곳 기록관, '역사의 동굴'에 들어서면 커다란 비석 하나가 천장의 원형 채광창 아래 길게 누워 있다. 이름을 얻지 못해 '백비'라고만 불리는 이 비석 옆에는 "언젠가 이 비에 제주 4.3의 이름을 새기고 일으켜 세우리라."는 글자만 하염없이 정명正名을 기다리고 있다. 그 앞에 설 때마다 정당한 존중을 받지 못한 4.3의 영령들이 '평화'공원 위를 불화하며 떠돌고 있는 느낌이 든다.

평화로워 보이는 호주 사회도 폭력으로 시작한 원죄는 상흔과 갈등으로 남아 '불일치한' 가운데 원주민 예술의 가치가 부여되고, 원주민 화가의 그림전이 열리고, 연방 원주민 장관 켄 와이엇의 망토가 민주주의 박물관에 상징적으로 전시되고도 있다.

먼 땅에서 온 나는 어설픈 지식으로 그것들을 바라보면서 원주민들의 그림이 슬프고 망토가 서글프고 초라한 농성장이 자꾸 마음에 밟힌다.

하층계급의 문화를 구색처럼 배치하는 어떤 것들에 모멸감을 느낀 기억이 슬며시 떠오르기도 한다.

그리고 '빼앗긴 일터'의 나는 '빼앗은 역사'가 존재하는 땅의, 빼앗은 집단 후손으로부터 초청받아 뺏고 빼앗긴 이국의 역사를 '관람'하고 '견학'하고 있다.

방송 인터뷰 요청

　내 인생에서 가족 외에 특별히 중요하거나 의미 있는 키워드를 세 개만 꼽아보라 누군가 묻는다면 별 망설임 없이 신정야학, 원풍노조, 성공회대학교를 말할 것이다.
　소년기 정신에 온기를 주었고, 청년기에 삶의 가치를 세우게 했으며 중년의 나를 풍요롭게 한 공간들이다. 만나든 못 만나든 가든 못 가든 언제나 그립고 든든한 고향 같은 곳이다. 이 요소들은 나를 구성하는 뼈대 같아서 다른 글에도 토막토막 언급한 적이 있다.

　신정야학은 서울 지역 대학생들이 74년도에 신정동 버스 종점 옆 허허벌판에 대형 천막을 쳐서 만든 교실이었다. 초등학교 졸업 후 진학하지 못한 열네 살에서 열여덟 정도의, 사는 형편은 비슷해도 나이나 성격은 제각각인 청소년들이 저녁이면 천막을 열고 들어와 책을 펼쳤다. 정식 학교가 아니니 사복에 머리 길이도 제각각이었는데 더러는 출처를 알 수 없는 헐렁한 교복을 입고 다니는 아이들이 있었다. 나도 고등학교에 진학한 주인집 딸의 교복을 얻어 입고 사진을 찍기도 했다.

바람이 많은 날이면 귀퉁이를 살짝 젖혀 들고 나는 천막 교실 천장이 심하게 펄럭였다. 영어단어를 외우다가, 국어책을 읽다가, 천막 위를 때리는 펄럭 소리에 몸이 오소소 떨렸다. 저녁 5시 반에 시작하는 수업 시간을 맞추는 학생은 많지 않아 천막은 수시로 열리고 닫히고 그때마다 찬 바람이 살갗을 파고들었다. 점차 출석을 부를 필요가 없어진 선생들은 심상하게 우리 얼굴을 한번 쭉 훑어본 후 수업을 시작했다.

수업 중간에 도착한 소심한 아이는 천막 하나 덜렁 서 있는 허허로운 들판을 서성거리다 담당 과목 선생님이 109번 버스 종점 방향으로 걸어가고 나면

쏙 들어왔다.

　공장의 야근을 빼고 뛰다시피 달려온 나도 가끔은 1교시에 들어가지 못했다. 심지어 밤 아홉 시 반, 네 시간 수업을 마칠 즈음에야 나타나는 아이도 있었다. 뭐 하자고 그 시간에. 그래도 그 허허벌판에 그리 들 오고 싶어 했다.

　닮은 얼굴들에 씩 한번 웃어주고 서로 툭툭 팔도 건드려보고 허약한 책상 위를 풀쩍거리며 뛰어 보고서야 어두운 골목을 걸어 집으로 돌아갔다. 아예 수업 시간에 오는 게 불가능해진 남자아이들과 야학에 입학할 형편도 안 되는 동네 아이들 몇이 꼭 그렇게 끝날 시간에 나타나곤 했다. 야근은 당연하고 철야도 불사하는 노동자들은 넘쳐났으니까. 노동하지 않을 수 없는 열다섯, 열여섯 살의 아이들이 한 명, 두 명 야학을 그만두었다. 그 숫자가 늘어나 3년 과정을 2년으로 축약한 졸업식 날에는 입학할 때 육십 명이던 학생이 열두 명 남아 있었다.

　천막 교실에서 사라진 아이들은 동네에서도 사라졌다. 얼마 후 교실도 판잣집도 흔적조차 없이 싹 밀어버린 대지에 대단지 아파트가 촘촘히 세워졌다. 아파트값은 하늘 높이 오르고 유명 입시학원들이 번쩍이는 간판을 걸었다.

다행히 그때 나는 끝까지 버텨 졸업은 했지만, 검정고시는 치르지 못했다. 고향의 초등학교를 방문해 졸업증명서를 발급받고 등초본 같은 서류를 챙겨야 하는데 공장 결근을 하기 어려워 검정고시 접수 일자가 임박할 때까지 그걸 못 했다. 당시에는 서류를 떼려면 평일에 직접 가야 했다. 키 큰 김한 선생님이 나를 천막교실 밖으로 불러, 내 키에 맞춰 허리를 꺾은 후 조심스럽게 혹시 교통비가 없어서 그러느냐, 선생님이 줄 테니 다녀오라고 했지만, 아니라고 고개를 저었다.

수십 년 전의 신정야학, 그 인연의 줄기가 호주까지 왔다.

SBS스페셜 방송 프로그램 L 작가가 이메일을 보내왔다.

'극단 학전'과 김민기 선생에 관한 방송을 기획하여 취재 중인데 김민기 선생이 신정야학 교사로도 활

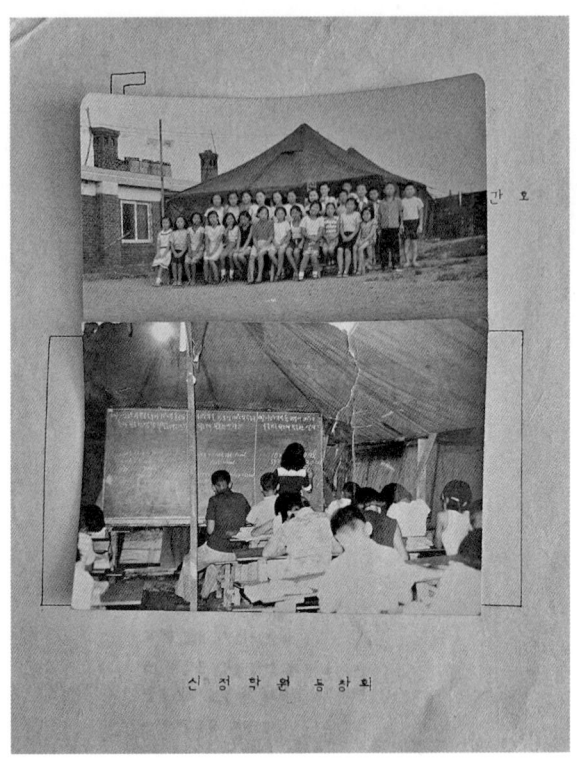

대형 천막으로 만든 교실 신정야학. 공장의 야근을 빼고
달려온 나도, 밤 9시 반 수업 마칠 즈음에야 나타나는
아이도 그 허허벌판에 그리들 오고 싶어 했다.

동하셨다니 그때 기억을 좀 들려달라는 것이었다.

사실 김민기 선생님의 야학 수업은 몇 차례 되지 않는다. 따라서 기억이 많지 않은 데다 짧은 기억은 출간한 책에 이미 썼다고 전했으나 카카오로 연결된 통화는 한 시간이나 이어졌다.

그는 나의 귀국 일자가 3월 12일임을 확인한 후에 '학전, 어게인' 공연 3월 10일 표를 어렵게 몇 장 구했는데 날짜를 며칠 앞당겨 귀국할 수 있느냐고 물었다.

공교롭게도 나는 학전의 연극을 한 번도 관람하지 못했다. 〈지하철 1호선〉도 보고 싶었지만, 서울에 갈 때마다 어긋났고 공연만을 보기 위해 먼 길을 갈 만큼 여유롭지 못했다. 극장이 문을 닫을 만큼의 위기 상황이 이렇게 빨리 올 줄 알았더라면 어떻게든 봤어야 하는데.

내 이야기를 들은 작가는 더욱 이번 공연에 나를 초대하고 싶어 했다.

일정을 바꿀 수 있을지 고민해 보겠다는 말로 통화를 마친 후 야학 친구에게 김민기 선생님에 대한 기억을 물어보았다. D는 아예 기억이 없다고 하다가 미술 시간에 손을 그리라고 하셨다는 내 언질에, 비로소 그래, 주먹 그려보라고 하신 것 같아, 하고는 조금 더 생각이 났는지 선생님이 흰 고무신을 신고 오셨던 것 같다고 했다. 그 말을 들으니 맞아, 흰 고무신! 그게 참 신기했던 기억이 나는 듯하다. 다른 친구들에게도 물어봐 주겠다며 전화를 돌린 모양인데 아무도 기억이 없는 모양이다. 워낙 오래전이고 1기생으로 야학을 졸업한 숫자가 12명밖에 안 되니 당연할 것이다. 방송국 작가의 취재와 나의 기억을 모아보니 아마도 선생님은 초창기 '쪽박산'에 천막 교실이 있을 때 몇 번 수업한 후 무슨 이유인지 금방 떠나신 것 같다. 곧바로 천막 교실도 철거할 수밖에 없는 사정이 생겨 결국 다른 장소로 옮겼는데 옮기기 전의 신정동 109번 종점 위 쪽박산 시절이 분명하니 초창기다.

    통화를 마친 후 ANU 캠퍼스를 산책하며 천막 교실을 생각하니 테이프가 늘어지도록, 수십 년을 수없이 부른 노래가 입안을 맴돈다.

예쁘게 빛나던 불빛

공장의 불빛

온데간데도 없고

희뿌연 작업등만

이대론 못 돌아가지

그리운 고향마을

춥고 지친 밤

여기는 또 다른 고향

김민기 〈공장의 불빛〉

    귀국 후의 인터뷰는 응하되 '학전, 어게인'의 마지막 공연 관람은 포기했다. 어머니 댁에 다니러 간 루스 교수도 일주일 후에 캔버라에 돌아올 테고 ANU의 학기도 그때 시작되는 모양이었다. 새 학기 준비로 모두 바쁠 텐데 불가피하지도 않은 일로 예약해 준 항공표를 취소하고 새로 구매하는 번거로움을 안기는 건 너무 뻔뻔한 노릇이었다.

    더 미련 두지 않으려고 작가에게 메일을 보냈다.

한인 마트에서

 호주 온 뒤 처음엔 고무장갑이나 실내화 한 켤레를 찾아서 온 시내를 헤맸다. 지쳐서 돌아오는 길에 들른 한인 마트에서 아, 이럴 수가! 코밑에 두고 먼 길 돌았다는 한탄을 했다. '없는 것 빼고' 다 있었다. 고무장갑도 실내화도.

 한국 사람이 운영하는 가게의 김치, 만두, 국수, 여러 종류의 라면, 햇반, 떡볶이, 간장, 된장, 미역, 김, 조림과 절임들은 내 호구지책의 창고가 될 곳이었다. 익숙한 상표의 그 김치가 이렇게 맛있었나! 총각김치도 아삭하고 상큼하다. 부처님 만난 듯 반가운 게 젓갈에 마늘 넣고 고춧가루 버무린 김치였다.

 좋아하는 음식이야 셀 수 없이 많지만, 그중 꼽을

캔버라의 노을

음식이 뭘까 생각해 보면 나는 김치가 아닐까 싶다. 노란 배춧잎에 빨간 양념을 입어 황홀한 김장김치, 아삭아삭한 총각김치, 알싸한 파김치, 쌉싸름한 고들빼기김치, 상큼한 열무김치, 향긋한 깻잎김치, 고소한 콩잎김치, 시원한 동치미…… 식탁에 맛난 김치 하나만 있어도 내 입은 벙긋해진다.

단연 최고는 엄마의 김치였다.

밭에서 리어카로 빼온 배추를 마당 가득 부려놓고 반으로 갈라 큰 들통에 넣고 밤새 뒤집어가며 절인 후 빻고 갈고 달인 갖은양념으로 온종일 버무려 자식들 숫자대로 포장해 택배로 보내던 엄마표 김치. 무거운 택배 상자를 열면 비닐에 돌돌 말아 끼워놓은 꼬깃꼬깃 접은 손녀 용돈도 어김없었다. 짐짓 화를 내는 딸을 못 본 척 어떤 땐 찰밥 해 먹으라고 들려준 찹쌀 봉지 안에, 또 어느 땐 다듬어준 채소 봉지 안에 어떻게든 끼워 넣은 몇 장의 지폐에 들어 있는 엄마 마음이 나를 울먹이게 하고 서글프게 했다.

혀끝에 남은 추억을 따라 가족과 고향, 사람을 살린 수많은 수고로움을 생각하니 새록새록 고마움도

차오른다. 칠십 년 또는 팔십 년, 평생을 부엌에서 음식을 만든 엄마들, 그래서 살 수 있었고 살아갈 사람들. 천하에 내 잘난 듯 사는 사람도 먹지 않고 살 수는 없는데 대개는 가치가 제대로 평가되지 않는 노동을.

아무튼 내 먹거리의 보고인 친애하는 한인 마트는 아쉽게도 과일만큼은 다양하지 않아 호주 마트에 가는 게 나았다. 대형마트에 가면 신선도도 좋고 할인율도 높다는데 걸어가기엔 멀어서 가까운 호주 마트를 둘러보니 주류 진열장에 소주처럼 담긴 과일주가 한국어로 '참 맑은'이란 이름을 달고 있어 반갑다. 소주병보다 약간 작아 보이는데 가격은 7,800원으로 생각보다 값이 나간다. 오히려 와인이 저렴해 보인다. 소고기, 와인, 과일이 신선하고 싼 나라네.

맛은 좋으나 파치 몇 개 사 먹어본 정도인 애플망고를 여기서 서른 개쯤 먹고 가리라 작정하며 일단 몇 개 담고 사과 몇 개, 초콜릿도 한 봉지 담아왔는데 돌아와서 영수증을 확인하다 놀랐다. 아니 무슨 초콜릿이 이렇게 비싸!

캔버라의 노을

한인 마트에는 들어서면서 계산대에 누가 서 있는지부터 살피게 된다. 젊은 알바생들은 영어로만 말하기 때문이다.

그래도 뭐 여기는 한인 마트다. 사실 제주도의 탐나는전(지역화폐) 카드처럼 호주 트래블카드를 내밀기만 하면 되니 그다지 이야기를 주고받을 일은 없다.

하루는 저녁 7시 한인 마트 마감 시간이라 계산대가 한가해 상냥한 한국인 아줌마에게 슬며시 말을 걸었다.

"한인 마트가 있어서 너무 좋아요, 영어가 안 되어서."

"영어 못하시면 불편하시죠? 제가 토요일에는 하루 종일 있으니 오세요. 그리고 토요일에 잡채 같은 한국 음식이 시드니에서 들어와요."

"어, 그래요? 잡채가 온다고요! 언제 오면 돼요?"

반색하자 그녀도 싱긋 웃었다.

"12시쯤 오시면 될 거예요, 늦으면 없을 수 있어서."

잡채랑 나물 같은 게 온다는 정보에 들떠 토요일 아침 9시에 갔는데 아직 문이 잠겨 있다. 뒤늦게 검색을 해보니 문 여는 시간이 10시다. 한 시간여를 하릴없이 시내를 서성거리다 10시에 맞춰 갔는데 음식은 정오에 온다는 거다. 그러니까 12시에 오라는 말을 나는 12시 전에 오면 된다는 뜻으로 알아들은 것이다. 한국말 소통도 이렇다니 아이고, 답답이. 내 머리를 속으로 한번 쥐어박고 나중에 올게요, 해놓고는 12시 땡 맞춰 가니 이게 웬일, 잡채 편육 생선전 인절미 시루떡 찹쌀떡 약식 등이 한국어 이름표까지 달고 방실방실 웃고 있지 않은가.

주섬주섬 한 봉지씩 쓸어 담고, 닭근위볶음과 편육을 두고는 약간 망설이다 편육을 선택한다. 가방은 든든히 걸음은 사뿐히 돌아와 큰 접시에 골고루 덜어 담은 후 냉장고에 있던 캔맥주를 딸깍 땄다. 육십 년 넘게 익숙해진, 이토록 고집스럽게 견고해서 방정을 떨어댄 입맛은, 이 정보를 진즉 모르고 있었음을 안타까워하면서 익숙한 맛에 행복한 토요일이었다.

한번은 정답게 댓글 잘 달아주는 안 모 작가가 부산의 어느 식당 잔치국수 사진을 올린 것을 보고 즉각 나도 국수를 해 먹겠다고 댓글을 단 후 노트북을 접고 일어섰다. 디포리로 국물을 내고 양념장을 만들어 냉장고에 넣어둔 후 한 끼는 국수로 해결하던 중이었다.

아쉽게도 숙소에는 면을 담기에 적당한 그릇이 없어 자그만 국그릇에 담은 후 잘게 채 썬 총각김치와 삶은 달걀을 얹고 육수를 부은 후 김 가루를 뿌렸다.

면발이 되려나? 걱정인 듯 놀림인 듯 국수 만들면 사진을 올려달라고 하던, 안 작가 보시라고 뻐기면서 인터넷에 국수 장면을 게시했다.

긴가민가했던 그가 '와, 제대로 만들었네요!' 기분 좋은 호응을 보냈고 청년기부터 인연이 있는 D 스님은 '꿀꺽'으로 추임새를 보탰다.

한국 음식은 갖춰야 할 재료가 많다. 최소한 조선간장, 고추장, 된장, 참기름, 김치, 육수용 멸치는 기본이다. 처음엔 장국 맛 소스 간장이 있어 그거 쓰자 했다가 성에 차지 않아 결국 조선간장을 사 왔고, 오래 있을 것도 아닌데 고춧가루는 뭐, 했다가 결국 한 봉지 들였다.

외식이 비싼 데다, 메뉴를 고르기도 힘들고, 몇 번 맛본 식당의 호주 음식이 입맛에 잘 안 맞았다. 하긴 우리나라도 외식은 간이 센 경우가 많으니까. 그러다 보니 직접 된장찌개나 국수, 라면을 끓여 먹을 수 있어 얼마나 다행인지 모르겠다.

생활반경이 단순해지면 생각도 단순해지는지 먹는 것에 꽤 몰두하게 된다. 다음 끼니는 뭘 먹을까…… 아, 냉동실에 떡국과 만두가 있지, 오늘 저녁은 떡만둣국! 창작 머리는 안 돌면서 무슨 기발한 발상이라도 떠오른 듯 떡국 한 줌을 꺼내 찬물에 담그며 포만하게 웃기도 한다.

징역을 살 때 그랬던 것 같다. 온종일 '다음 식사 메뉴가 뭘까?'가 주요 관심사였다.

70년대 말의 구치소 식단이라는 게 뭐 별다른 메뉴가 있었으랴만 코를 흥흥거렸다. 더러는 영치금으로 짜장면, 잡채밥 같은 특식을 주문하면 임금님 상찬 진배없었다. 노동조합과 민주화 진영의 관심 덕에 면회가 끊이지 않았기에 감옥에선 소위 범털이었던 내

옆에 늘 착 붙어 있던 절도 죄목의 긴 생머리 소녀. 아직 이름을 기억하는 그 아이는 내가 좋았을까, 나의 특식이 좋았을까?

    음식 이야기 늘어놓다 보니 빙긋 웃음이 비어져 나오는 토지문화관 작가집필실의 기억도 떠오른다.
    작가들은 야행성이 많아서 아침형인 나는 자고 일어날 새벽쯤에서야 그들 방의 전등이 꺼지는 경우가 대부분이었다. 그러니 대체로 아침을 잘 안 먹어 식당에 빵 굽는 기계와 버너, 프라이팬, 달걀, 음료 등을 준비해 두어서 아침 먹을 사람은 알아서 챙겨 먹는 식이었다.
    나는 빵이나 음료를 좋아하지 않아 숙소의 커피포트에 물을 끓여 컵 쌀국수와 견과 같은 걸로 때웠다. 그러다가 시계가 11시 50분쯤 되면 새벽에나 잠들었을 작가들이 신기하게도 이 방 저 방에서 스멀스멀 기어 나와 식당 접시 앞에 줄을 섰다. 때로 주방 아주머니가 아직 준비가 덜 되었다고 하면 아, 시간이 좀 이르네, 어쩌고 하며 머쓱하게 물러나 탁구대가 있는 휴게실을 슬쩍 돌고 나오는 식이었다.

당연히 메뉴가 무엇인지는 초관심사라 눈으로 쓱 훑는 입가에 때론 미소가, 때론 실망이 스친다. 입맛은 대체로 비슷한지 생선튀김이나 동그랑땡 같은 것은 빨리 소진되니 몇 개씩만 가져가 달라고 아주머니가 개수를 정해주기도 한다. 같은 재료로 집에서 하면 왜 그 맛이 안 나는지. 아마도 늦게 가면 내 몫이 사라질지도 모른다는 은근한 초조함과(실제 그런 경우도 발생한다) '남이 해주는 맛'이 더해져서일 것이다. 나는 토지의 토종 맛 한식 메뉴가 매우 마음에 들었는데 고기 좋아하는 일부 남자 작가들은 단백질 보충해야 한다는 핑계를 앞세워 주기적으로 바깥 식당에서 삼겹살에 소주를 마시고 오기도 했다.

행복하고도 비루한 사람의 목구멍,

먹는 행위의 그 간절함과 중요함이라니!

걷는 길

'뛰어봐야 벼룩이고 부처님 손바닥 안'이란 속담을 나는 아등바등하는 뜀박질이 부질없다는 식으로도 풀이한다. 날고 달리고 건너뛰기를 해도 가질 수 없거나 닿지 못하는 마음을 정돈하기에는 혼자 걷기만큼 좋은 게 없다고도 생각한다.

운동화를 신고 천천히 걷다 보면 마음이 어느새 봄날 햇살처럼 안온해진다. 손가락에 꼽기도 어려울 만큼 이사 다니면서도 집을 구할 적마다 주변에 산이나 하천 같은 산책로가 있는지를 살폈다. 제주도에 살고 있는 지금도 우이동 끝자락에 살 때 걷던 우이령 길과 북한산 줄기가 때때로 그리워 서울 일정을 늘려 잡아 혼자 걷고 오기도 한다. 그런 나를 아는 사람들이 멋진 길을 발견하면 사진을 찍어 보내주기도 한다.

몇 년 전 코로나에 걸렸을 때 후유증이 한참 갔는데 대표적으로 나를 괴롭힌 증상은 족저근막염이었다. 정형외과에서 물리치료도 받고 한의원에서 침도 맞았으나 꽤 오랫동안 발바닥이 땅을 밟을 때마다 전신으로 퍼지는 찌릿한 통증에 몸서리쳐야 했다. 처방은 나을 때까지 걷지 말라는 거였다. 다른 증상들은 다 괜찮아지고도 유독 발바닥은 낫지 않아 침 맞으러 가는 외에는 걷기를 삼가야 했다. 내 발로 닿지 못하는 자연과 사람이 아득했고 두 다리로 걷는 일이 얼마나 감사한지를 절감했다.

승용차와 기차, 배와 비행기로 인간의 발을 세상으로 옮겨줄 운송수단은 끝없이 발전해 왔으나 그 모든 위대하고 값비싼 발명품들도 사람의 다리만 못한 것을. 성한 몸이 얼마나 귀하고 큰 재산인가를.

엄마나 고모, 언니의 등을 지나 아장아장 걷던 종아리가 튼실해져 뜀을 뛰고 산을 오르고 공장에 가고 친구를 만나고 광장을 달린 시간…… 이 다리로 걸어온 길을 재면 얼마만큼일까.

캔버라의 노을

이 길 저 길 오고 가다 가장 끝에 이를 길은 또 어느 곳일까.

여러 갈래길
누가 말하나
이 길뿐이라고

여러 갈래길
누가 말하나
저 길뿐이라고

여러 갈래길
가다 못 갈 길
뒤돌아 바라볼 길

여러 갈래길
다시 걸어갈
한없이 머나먼 길

여러 갈래길

다시 만날 길

죽기 전에라도

여러 갈래길

다시 만날 길

죽은 후에라도

김민기 〈길〉

　입속으로 '길'을 부르며 ANU 교수들과 식사했던 식당 주변으로 호젓한 산길이 있다는 말을 염두에 두고 나섰다. 혹여 길 잃고 배고프면 곤란하니 아침을 든든하게 먹은 후 선크림 바르고 모자와 양산을 챙겼다.

　교수들과 한국학연구소에서부터 출발했던 지점을 찾기 위해 걸어가는 동안 맨얼굴을 햇볕에 가득 내놓고 다니는 몇몇 학생이 눈에 띄었다. 커피를 받쳐 들고 이야기하며 지나는 일행도 보인다. 이곳 사람들은 양산을 잘 쓰지 않는다고 들었고 내가 봐도 그랬다. 작열하는 볕을 그냥 받으며 다닌다. 우리나라처럼 습도가 높지 않아 직사광선만 막아주어도 훨씬 시원한데 그걸 안 한다. 제주어로 과랑과랑한 캔버라의 햇볕을 그대로 받으면 노랗게 익어버릴 것 같은데 양산 쓰고 다니는 사람은 십중팔구 한국 사람이라는 글을 본 것도 같다. 그러다 검은색 양산을 쓰고 걸어가는 남학생이 한 명 보였다. 나만 유난을 떠는 거 같았는데 그 모습을 보니 슬며시 반갑던 차, 반대쪽에서 하얀 양산을 쓰고 오는 아시아계인 듯한 여학생도 발견한다.

그러나 산길은 찾지 못했다. 그날 연구실에서 나와 도서관에 잠시 들렀고 어느 기숙사를 지나 올라간 거 같은데 시작했던 지점에 서서 살펴도 모르겠다. 길을 좋아하고도 길을 못 찾는 길치인 까닭이다.

처지가 이런데도 핸드폰만 믿고 종종 발 가는 대로 나선다. 약속도 없고 기다리는 이도 없으니 가다 못 가면 돌아오면 될 일, 길 앞에서 나는 좀 무모하다. 무식한 티를 내고 다닌들 알아볼 사람이 없는 곳, 익명의 공간에서 사람은 더 뻔뻔하거나 자유로울 수 있다. 사람들 앞에서 있는 척, 아닌 척, 너그러운 척, 모

아장아장 걷던 종아리가 튼실해져 뜀을 뛰고 산을 오르고
공장에 가고 친구를 만나고 광장을 달린 시간…….
캔버라 호숫가에 홀로 앉은 마음이 고향마을 샘터로 찰랑찰랑 흘러간다.

르는 척, 척척 하다가, 알 사람 없는 남의 나라에서 슬리퍼 신고 핸드폰 하나 들이밀고 다니게 되는.

어딜 가든 뭔 상관이랴, 그냥 눈에 보이는 길 따라 걷자 작정하고 만다.

몇 년 전 토지문화관 입주작가로 두 달간 머무른 적이 있었다. 버스 한 대만 오가는 산자락 끝 마을이었는데 주변에 복숭아 과수원으로 가는 길이 있고 골짜기에서 맑은 물이 모여드는 연못가 주변 논둑길, 달맞이길이라 부르는 산 중턱의 임도 등 여러 길이 좋았다. 나는 물 만난 고기마냥 이 길 저 길 무작정 뚫고 다녔다. 심지어는 토지에 몇 차례 온 적이 있는 작가들을 처음 간 내가 안내하여 새로운 길에 나선 경우까지 있었다. 아무도 가지 않는 길을 겁 없이 다닐 수 있었던 것은 모국이었기 때문이다. 내 나라 땅, 내 나라 언어는 얼마나 중요한 생존 근거인가. 그러니 수십 년 전 생존을 위해 미국으로 갔던 언니 부부는 얼마나 고생했을까? 언니의 고단하고 서러웠을 세월이 또 마음 저리고 언니가 보내준 외화로 소고기 사다 먹고 애플망고 사 먹으며 누리는 내 호사가 미안해진다.

그러고 보니 육십 중반에 '유학' 간다고 노자를 보내준 얼굴들 대부분이 평생을 정직하게 노동하며 살아왔으나 대체로 영어는 못하는 동지며 자매들이었네. 내가 이러이러한 일로 호주에 가게 되었다고 페이스북과 가까운 지인들에게 자랑했을 때 많은 이들이 아낌없이 축하해 주었다. 다른 사람의 일에 진심을 다해 기뻐해 주는 사람들이 있어 그게 기뻤다. '그동안 애써온 삶에 대한 보상'이라고 말해준 분들도 많았다. 보상이라기엔 내가 뭘 특별히 한 게 있다고, 그저 시대의 상식을 배반하지 않으면서, 같이 걷는 동료들이 있어 타박타박 걸어왔을 뿐인데, 다만 나의 글을 특별하게 봐준 이와의 인연 덕이라 생각한다. 나와 동료들 삶의 궤적은 비슷하지만, 누군가 어떤 지점을 특별하게 여겨줄 때 특별해지는 것이니까. 멋진 풍경을 자랑하다가도 문득문득 누군가에게 미안해지고 나 이러고 지내도 되나 싶은 감정도 들긴 하지만.

작은 오솔길을 따라 호숫가로 내려가니 호수 가

장자리에 탁자와 의자 하나가 놓여 있다. 누군가의 낚시터일까?

의자 위를 기어다니는 개미들을 톡톡 밀어내고 앉아 햇볕에 반짝이는 잔물결을 바라보니 이상한 기시감이 몰려오면서 수만 년 전 어느 생에 내가 이곳에 있었던 건 아닐까, 망상 같은 상념에 빠진다. 다시 또 오게 되지는 않을 캔버라의 고요한 호수, 너무 고요하고 나른해서 마치 꿈결 같은 곳. 자락자락 마음이 잠긴다.

늘 물빛이 좋았다. 그리움이요, 슬픔처럼.

집 옆 도랑에서 졸졸 흐르던 골짜기의 물, 소 몰고 산에 올라 마시던 퐁퐁 솟는 샘물, 양동이로 길어 나르던 우물, 열다섯까지 온몸을 담그던 은어가 춤을 추고 고동이 발가락을 간질이며 흐르던 강…….

캔버라 대학교의 호숫가에 홀로 앉은 마음이 고향마을의 강과 샘터로 찰랑찰랑 흘러간다.

우아한 달력

 사람이든 사물이든 가까우면 오히려 나중 순위로 밀어두기 쉽다. 언제라도 닿을 수 있다고 믿기 때문이다. 숙소에서 마실 가는 정도 거리의 호수 옆에 있는 박물관도 이곳저곳 다 둘러본 후 뒤늦게 방문했다.

 옆집 가듯이 느지막한 오후에 나서고 보니 관광객으로 보이는 사람들이 꽤 많았다. 들어서는 순간은 쇼핑센터인가 싶을 정도로 의류 장신구 장난감 잡화 그릇류까지 각종 상품이 진열되어 있어 놀랐는데 내가 들어간 입구가 정문 반대쪽이어서 그런 거였다.

 2층까지 볼거리가 많은 전시품들은 우리나라의 박물관과는 확실히 분위기가 다르다. 중국에서 박물관 견학을 갔을 때는 우리와 비슷한 느낌이 많았는데

캔버라의 노을

이곳은 문화와 토양이 다른 머나먼 이국임을 느끼게 했다. 더구나 아는 만큼 보이니 내겐 그저 신기한 풍경일 뿐.

    쇼핑센터의 상품값은 동대문 시장에서 접하는 가격과는 비교가 되지 않았다. 색감은 매우 화려하고 영국 황실 풍을 느끼게 하는 접시나 찻잔도 예쁘긴 했으나 구매하긴 버거웠다. 제주도민은 인터넷으로 작은 물건 하나 사려고 해도 삼천 원 이상은 추가 택배비를 내야 하는 등 타지보다 비싼 물가를 경험하며 살지만, 캔버라는 정말 돈 없으면 못 살 곳이구나 싶다. 하긴 내가 동대문 남대문 같은 곳을 호주에서 찾지 못하는 탓일 수도 있다.

    휘 한 바퀴 둘러만 보고 나오는데 매장 바깥 진열대에 버섯 그림의 앙증맞은 달력이 눈에 띄었다. 각 장마다 빨강 분홍 초록 연두 파랑 천연색의 버섯이 예쁜데 시기가 지나서인지 50% 세일 표식이 붙어 있다. 기념으로 하나 살까 싶어 보니 33달러다. 우리 돈으로 29,000원쯤이니 여기서 절반이면 15,000원 정도겠구나, 생각했다. 가뿐하게 계산대로 들고 가니 디스카운트? 어쩌고 한다. 그러니까요, 고개를 끄덕이고 카드로 결제하고 보니 세상에 33달러. 그렇다면 반값으로 할인한 게 그 가격? 딱 손바닥 크기의 달력 하나를 세일 안 했으면 6만 원이나 한다고? 색깔이 많고 그림이 독특하긴 하지만 그래도 너무 비싼 거 아님? 명화 같은 건가? 혹 세일 처리를 안 한 거? 국립박물관 매장에서? 아니지 디스카운트 어쩌고저쩌고 했는데 잘못 처리할 리는 없지. 그러니까 공산품이 이토록 비싸구나, 속으로 중얼중얼하며 숙소에 돌아왔는데도 뭔가 몽실몽실 개운치 않다. 50퍼센트가 자꾸 걸리는 거다.

저녁에 자리에 누워서야 달력 맨 뒷장에 영어로 써진 설명문을 파파고로 읽었다.

보리버섯부터 샹트렐까지, 버섯들이 숲을 색깔 매력 아름다움으로 가득 채워줍니다. 이 빈티지 이미지 컬렉션을 통해 일 년 내내 당신의 좋아하는 '버섯'들을 감상해 보세요. 1989년부터 카발리니는 엄선한 빈티지 이미지를 이용해

고전적인 디자인의 책상 및 벽 달력을 제작해 왔습니다. 매월 카발리니 아카이브에서 선택된 이미지 한 장을 감상할 수 있습니다.

그리고 놀랍게도 한국에서 인쇄됨.이라고 귀퉁이에 적혀 있다.

보리버섯, 샹트렐버섯도 그렇고 이런 그림을 그린다는 카발리니도 처음 듣는 이름으로 이 달력이 꽤 유명한 모양인데 그러니까 샌프란시스코에서 기획하고 한국에서 인쇄한 달력을 호주에서 50프로 할인으로 구매한 거였다.

달력 한 장, 엽서 한 장에도 명품이 있는 모양인데 돼지 목에 진주라는 말처럼 모르면 그게 진주든 돌이든 무슨 상관이람. 그리고 그게 또 뭐라고 유명하다니 갑자기 싸게 잘 샀네, 뿌듯한 심사로 바뀌는 요지경 속 나.

만약 계산 잘못한 거 아니냐고 바꾸러 갔으면 완전 무식 탄로 나고 먼 이국땅에서 코리아 망신시킬 뻔했다. 그럴 기백도 없지만 혹여 따지기라도 했으면? 모골이 송연할 노릇이다.
 이제서야 비로소 책상이 우아해졌다고 느끼는 얄팍함이라니.

캔버라의 노을

호주 노동자와 어린 아들

　습도가 높은 제주도의 여름과 달리 따가운 햇살이어도 끈적이지는 않는 캔버라의 아침저녁은 선선한 가을 같다. 기후가 참 좋다는 생각을 거듭하는데 오전 7시가 되기 전 발코니 방향의 빈터에 빨간 차와 하얀 차가 줄지어 들어오더니 노동자들이 내린다. 옆 건물 공사가 시작되는 모양이다. 이틀 동안 크레인 작업으로 소음이 있을 거니 양해해달라는 안내메일을 받은 대로 꽤 요란한 시작이다. 오렌지색과 연두색 복장의 작업자들이 비슷하게 섞여 있는데 다른 날보다 노동자들의 숫자가 더 많아 보인다. 크레인으로 바퀴가 네 개 달린 대형 사각 통이 올라가자, 지붕에 있는 작업자들이 그 통 안에 폐기물 같은 것을 담는 모습이 보인다. 아래의 노동자들은 올려다보고 있다가 가득 찬 통이 내려오면 받아서 트럭에 싣는다. 내 눈도 위아래로 그들을 따라 움직인다. 건물 지붕을 뜯어내고 새로 입히는 공사인 것 같다. 건물 앞 바닥에는 마치 김밥말이 대나무 발처럼 생긴 벽돌색 자재가 켜켜이 쌓여 있다. 걷어낸 폐기물들이 내려오고 땅 위의 자재들이 지붕으로 올라가니 몇 명의 노동자들이 위에서 착착 받아 지붕을 덮어나간다. 작은 망치로 톡톡 치는 모습도 보인다.

공사장 길가 벽에는 약국 표시와 응급 대응팀 여섯 명의 사진과 이름, 전화번호가 적힌 안내판이 붙어 있다.

노동자들은 모두 다양한 색깔의 반바지를 입고 있다. 호주의 노동자들 여름 복장은 짧은 바지가 일반적인 모양이다. 요즘 매일 눈에 띄는 여성 노동자가 하얀 헬멧을 쓰고 바퀴 달린 수레에 철판을 올려서 고정한다. 힘을 쓰는 일을 잘한다. 그녀 역시 오늘도 무릎 끝에 닿는 바지를 입었다. 처음엔 꽤 낯설게 느껴지던 복장이 며칠 보니 익숙해진다.

이들의 노동은 대체로 오후 3시면 마친다. 한낮에 잔뜩 품은 열기가 네다섯 시쯤에 폭발적으로 뿜어내는 듯한데 그 시간 전에 마치는 모양이다. 커피숍도 대개 4시경에는 문을 닫는 거 같았다. 3시나 4시에 퇴근한다면 '저녁이 있는 삶'이 충분히 가능하리라.

이날 점심시간이 지나 오후 한 시쯤, 아이가 한 명 나타났다. 이곳에서 매일 일하는 노동자들은 오렌지색 상의인데 이번에 큰 트럭을 타고 온 몇 노동자들은 연두색 윗옷을 입었다. 소속 회사가 다른 모양이다. 연두색 작업복 노동자가 트럭에 자재를 싣고 오며 대여섯 살 되어 보이는 아이를 데리고 왔다. 아이는 박박 밀어 하얗고 반질반질한 맨머리에 햇볕을 가득 받고 있다. 얼굴이 동글동글하다. 연두와 오렌지색 복장의 두 어른 남자가 반갑게 포옹한다. 오랜만에 만나는 듯하다. 아이는 해가 눈이 부신지 두 손을 깍지 끼어 이마 앞에 챙을 만들며 서로 반기는 어른들을 바라본다. 그러고는 말끄러미 일하는 모습들을 구경하기도 한다. 아이의 눈에 보이는 아빠의 노동은 어떤 느낌일까? 아빠의 노동이 활기차 보이고, 아빠의 노동으로 삶이 풍족하다면, 아이는 자랑이 되는 노동을 꿈꿀 수 있을 것이다. 이 나라는 그런 것이 가능한 나라인지도 모르겠다.

심심한지 아이는 내 숙소 발코니 아래 풀밭에서 나뭇가지 두 개를 주워 툭툭 치다가 가느다란 게 신통찮은지 두리번거리더니 크고 실한 나뭇가지를 찾아낸다. 무릎에 대고 꺾어 보려는데 잘 안되는 모양이다.

등판에는 왕관 모양에 T자가 겹쳐 새겨진 검은 셔츠를 입고 있다. 2층에서 가만히 바라보는 나를 아이는 보지 못한다. 영어를 할 수 있다면 문을 열고 발코니로 나가서 말을 걸어볼 텐데.

배가 좀 나온 아이 아빠는 긴 트럭에 실어 온 자재들을 사다리가 달린 크레인으로 옮기고 있다. 이 짐을 다 부리고 나면 아들을 옆자리에 태우고 신나게 퇴근하겠지.

89년도쯤인가 거제의 대우조선에서 노동자 가족, 그러니까 부인들을 공장으로 초대해 작업장 견학을 해준 적이 있었다. 남편의 일터를 보여주고 이해를 높이는 취지라는데 여러 이유가 있었을 것이다. 이날 하늘 높이 떠 있는 크레인에도 올라가 보고 선박에 도장하는 작업, 철판을 자르는 작업 등을 두루 둘러보았다는 부인 중 누군가가 집에 돌아가 통곡했다고 한다. 한 발만 삐걱하면 낭떠러지 아래의 시커먼 바다 귀신이 될 수도 있는 작업장, 0.01밀리만 잘못 잘라도 쓸 수 없는, 뙤약볕에 달궈져 손 대기도 뜨거운 철판, 삼복더위에 우주인처럼 방진복을 겹겹이 입고 일하는 부서의 눈만 빼꼼한 남편들, 그래서 피부연고를 들고 다니고 온갖 약도 먹어야 하는 남편들의 위험하고 고단한 작업장을 본 탓이다. 최고의 배를 만들어내는 자랑스러운 노동자의 자부심보다는 슬픔과 연민으로 사무쳤던 거다. 이제는 잔소리하지 말아야겠다, 밥 잘 챙겨 먹여야겠다, 이런 다짐들을 줄줄이 했다고 하니 회사의 노림수는 그것이었는지도 모르겠다.

그때 나도 거제도의 조선소 노동자들을 돕는 일을 하던 때라 노동조합의 조력을 받아 거대한 골리앗 크레인에 올라가 본 적이 있다. 불안하기 짝이 없는 승강기를 타고 꼭대기까지 올라가는 동안 소름이 돋았다.

골리앗 크레인이라고 새겨진 글자 하나가 각각 3미터를 넘는 괴물 같은 기중기에 올라서니 땅에 있는 작업자들의 모습이 그야말로 개미만 하게 보였다. 이곳에서 떨어지면 어떻게 될지 생각만으로도 끔찍했다. 세계로 수출하는 선박은 아침부터 저녁까지 때론 밤을 새워 그렇게 만들어지고 있었다.

섬유공장에서 경비로 일한 아버지의 노동도 우울했다. 아버지는 주야간 2교대로 휴일도 없이 일했지만, 그 임금으로 가족을 부양할 수 없었다.

아버지 공장의 실 꾸러미를 가져와서 엄마와 동네 아주머니 몇 분이 부업으로 방석을 짰지만 별 보탬은 안 되었다. 가게에 늘 외상장부를 달았는데 월급날 갚고 나면 다음 날부터 또 다음 달 외상을 그었다. 감당하지 못할 무게를 어쩌지 못하는 아버지는 선풍기도 없는 방에서 벌떡 일어나 밖으로 나가 술을 마셨다. 아버지의 노동이 부끄러운 게 아니라 비틀거리는 아버지가 부끄러웠다. 아버지는 삼륜차에 보따리 몇 개를 실어 엄마와 남동생들을 태우고 고향으로 떠났다. 언니는 섬유공장에, 나는 과자공장에, 동생은 공장에서 야간학교를 운영한다는 부산으로 떠났다.

우리 형제들은 가끔 실없는 농담을 한다.

우리 아버지는 뭐 하셨나? 장화 없이 못 산다고 했던 신정동 땅이 그때는 똥값이었다는데 그거 한 뙈기라도 사놓으시지.

부질없는 한탄에 언니가 웃었다.

당장 새끼들 입에 넣을 수제비 한 그릇이 급한데 무슨 땅? 에라이 땅땅이다!

반평생을 어둑한 새벽에 나가서 어두워져야 돌아오는 현장은 달라진 게 없고 흰머리에 주름만 늘어난 내 남편의 평생도 물려받은 유전자처럼 닮아 있다.

'가난한 사람들이 노동을 지속하도록 자극하고 몰아갈 수 있는 것은, 오직 굶주림뿐'이라고 한 어떤 연구자, 그는 굶주림을 알았을까?

가난은 나라님도 구제하지 못하는 것이 아니라, 노동의 재생산을 위해 구조적으로 조장하는 것? 다른 걸 생각하지 말고 노동만 하게.

우리나라는 아기 때만 벗어나도 같은 꿈을 꾸지 못하는 사회가 되었다. '공평하게' 꿈꿀 '자유' 같은 건 교과서에나 있는 것임을 초등학생만 되어도 감각적으로 파악하게 되고 알맞은(?) 정도로 맞춤한다. 초등학교 아이들의 꿈이 사회계층에 따라 다르게 나타났다는 통계가 나온 건 이미 오래전이다.

칠팔십 년대에 한국 사회의 '혁명'을 위해 '위장취업' 한 대학생, 지식인들이 많았다. 이들은 한시적으로 공장노동자가 되어, '경제주의' '조합주의'를 극복하고 깃발을 들어 '정치투쟁'의 전선으로 나오라고 노동자들을 '지도'했다. 민주노동조합을 잘 지키고 확산하면 불평등을 해소하고 민주적인 사회를 만들 수 있으리라는 소박한 신념으로 공장 기계 앞을 사수했던 '민주노조'들의 운동방식은 신랄하게 비판받았다. 그렇게 전선으로 나온 노동자들은 박살이 났고(물론 이래도 저래도 박살 나던 때였다) 전선으로 불러냈던 지식인들이 하다못해 학원 강사나 번역이라도 해서 먹고살던 때, 징역 살고 해고된 노동자들은 갈 곳이 없었다. 그 후

출발선이 달랐던 사람들이 위장취업은 이력으로, 징역살이는 민주화의 상징으로 사회정치의 지도 계층이 되었는데…… 그때의 많은 노동자들은 어느 노랫말처럼 '어디서 무엇이 되어' 있는지 소문도 없다.

짧은 경험이지만, 호주 노동자들의 상황은 많이 다르게 보였다. 어린아이가 아버지의 작업장을 편하게 볼 수 있는 것도 놀라웠다.
호주의 노동자들과 근무 환경을 보며, 공사 단축을 재촉하는 압박도 연장근무도 없는 여유로운 노동, 몸 쓰는 노동자의 임금이 높아 결혼 배우자 앞 순위를 차지한다는 노동, 나는 그게 부러워 한참 동안 눈을 떼지 못했다.

혼자만의 방

　옛날 사람들은 태어난 집에서 평생을 사는 경우가 많았을 텐데 농촌을 떠나 도시에 간 이후 나는 참 많이도 옮겨 다녔다. 옮겨 다닌 주거의 형태와 사연만 엮어도 어른들 말로 책 한 권은 나올 것이다. 그동안 여닫은 문은 몇 개나 될까, 얼마나 많은 방들을 지나왔을까?

　탱자 열매가 조롱조롱 텃밭 담을 끼고 있던 유년의 사립문, 밤새 달리던 완행열차의 투박한 문, 천막교실의 펄럭이던 문, 공장의 문, 감방의 철문, 만학도가 되어 열던 강의실 문, 반겨 맞이하던 엄마의 방문, 살며시 열어보던 잠든 내 아이의 방문, 그리고 멀리 ANU의 내 이름 새겨진 연구실 문.

캔버라의 노을

    기억에 있는 최초의 방은 고향집 두 칸짜리 중 하나인데 옛날 시골 방은 정말 작았다. 그 공간에 꼬물꼬물 네 명의 딸과 엄마가 이불 하나를 당기고 감고 하며 살던 게 국민학교 2학년까지였다. 언제부터인지 아버지는 서울의 공장에서 일하고 계셨고 3학년이 되는 겨울에 엄마와 동생들도 서울로 간 후 안방은 할머니와 고모가, 작은 방은 할아버지와 내가 썼다.

    지금 생각해 보면 할아버지와 할머니가 같은 방을 쓰고 고모와 내가 쓰는 게 일반적일 것 같은데 할아버지의 오랜 외유로 할머니와 사이가 좋지 않은 게 이유였나 싶다. 아무튼 한참 후에야 외양간 한쪽을 막아 아궁이를 들이고 사랑방을 지었는데 그래봐야 손바닥만 한 사랑방 마루가 좋아서 뒹굴던 생각이 난다.

    열다섯에 올라간 서울에서도 내 방은 없었다. 삼촌의 가게 일을 거들고 어린 사촌 아기를 돌보는 게 임무였지만 삼촌네도 단칸방이고 서울 간 후 아들 둘을 더 낳은 아버지 엄마의 방도 단칸방에 오글오글했다. 아버지가 야근할 때면 부모의 방에 끼어 자고 아버지가 주간 일을 할 때면 삼촌 방에 끼어 자는 내가 떠돌이나 더부살이 같은 느낌이 들었다. 되도록 엄마 집에서 지내고 싶었지만, 정말이지 공간이 콧구멍만 했다.

열여덟 살의 공장 기숙사는 방 하나에 열세 명이 동거했다. 각자의 이불을 몸 하나 누일 자리만큼 나란히 깔고 자다 한 팔이라도 옆으로 뻗으면 다른 이의 가슴을 치게 되었다. 몸부림이 심한 사람은 자천타천 창가 끝자리로 가야 했다. 그래도 원풍모방은 노동조합 덕에 공단에서 최고 수준의 복지를 쟁취했던 때여서 사내에 미용실이 있고 기숙사에 더운물이 넘치는 목욕탕이 있었으며 겨울에는 반팔옷을 입고 살 정도로 따뜻했음에도 휴일에 자취하는 동료의 집에 초대라도 받으면 혼자 쓰는 공간의 자유가 너무 부러웠다. 더구나 노동운동 과정에서 구속된 후 감옥에서의 수면 공간은 정말이지 칼잠이라는 명칭이 딱 맞는 공간이었다. 감방이 대목(?)일 때는 거의 스무 명을 한 방에 수감했는데, 머리를 서로 맞대고 두 줄로 촘촘히 세로 잠을 자야 하고 방 끝에 달린 화장실은 엉덩이만 겨우 가리는 정도여서 볼일을 볼 때면 잔뜩 긴장해서 나오던 게 도로 들어갈 지경이었다.

이십 대 초반의 어느 날 학생운동 하는 친구의 집에서 하루 머문 적이 있었다. 늦은 밤 어쩌다 가게 된 그녀의 집은 혼자 쓰는 아담한 방에 좌식 탁자가 있었고 그 위에 국화꽃 몇 송이가 화병에 담겨 있었다.

"엄마가 꽂아 놓으셨네."

친구가 말했다.

혼자 쓰는 방에 꽃을 꽂아주는 엄마라!

그 장면이 내게는 마치 쓸쓸한 가을 풍경처럼 남았다.

공장에서 해고된 후에는 퇴직금으로 방을 구했으나 늘 감시의 눈길이 따라다녀 여차하면 떠나야 할 임시처소 같았다.

자유롭고 온전한 내 방을 가지고 싶었지만 야속하게도 내 주거 욕망은 오래도록 편안하지 못했다.

몇 년 전 토지문화관에 갔을 때는 처음 가져보는 대형 책상이 황감해서 마음이 붕붕 떴다. 배정된 방으로 들어서서 무엇보다 눈에 들어온 게 큰 책상이었다. 장미꽃 한 송이가 꽂힌 유리병과 전등이 놓인 책상이 어찌나 크고 시원한지 앉으면 뭐라도 써질 거 같았다. 새벽이면 창을 열어 까맣게 잠든 시골 마을을 바라보았고, 공연히 밤중에 문을 열고 나가 하늘의 별을 보곤 했다. 큰 매화나무 가지가 창에 닿고 향기가 스며들던 방이 그렇게 좋았다. 그때 여성 입주작가들이 많았는데 대체로 방이 없어서가 아니라 돌아서면 할 일이 또 보이는 가사 노동 공간을 벗어나 온전히 집중하려는 이유가 커 보였다.

초등학교에 다닐 때는 늘 방바닥에 엎드려 책을 읽고 숙제를 했다. 방바닥이 책상이었다. 어른이 되고는 식탁이나 밥상, 딸 책상을 쓰다가 컴퓨터를 놓게 된 작은 탁자가 나만의 책상이었던 것 같다.

공부 못하는 애가 연필 많이 들고 다닌다는 말이 있는데 공부가 잘 안되니 대신 필기구 욕구가 강해지는 건지도 모른다. 사실 책상이 문제이기야 하겠는가.

여하튼 그래서 더 그랬을까, 예쁜 카페의 창가에 하염없이 앉아 있기도 하고, 아늑한 공간을 보면 펜과

캔버라의 노을

1982년 원풍노조 탄압 당시 공장의 밤을 지킨 동료들의 칼잠.
기숙사나 감방에서도 신산했던 사정을 떠올리자니
먼 나라 호주의 온전하고 안전한 방 안에
앉아 있는 이 순간만으로도 축복이다.

노트를 꺼내 글을 쓰고 싶었다. 차 한잔을 마셔도 기어코 예쁘장한 곳을 찾던 때도 있었다. 지금은 제주도에 살다 보니 실내보다는 야외를 더 좋아하지만, 젊을 때 도시에서는 그랬다. 모든 사람의 평범한 욕망일 수도 있겠으나 버지니아울프가 말한 '자기만의 방'과는 또 다른 갈망이었던 것 같다.

다행히 제주도에서 장기 임대 후 분양주택에 당첨되어 입주한 뒤, 상자에 갇혀 있기 일쑤이던 책들을 책장에 꽂게 되었고 햇살 좋고 바람 잘 통하는 방에 적당한 크기의 책상이 놓였다.
그리고 지금 비행기를 열한 시간이나 타고 온 먼 나라 호주의 국립대학교 안 아늑한 방 안에 앉아 있다.
넓은 침대, 하얀 침구, 붙박이 옷장, 조리도구를 갖춘 주방, 거실에 책상이 있고 차탁이 놓인 발코니 옆에 키 큰 나무가 푸른 잎을 흔드는, 새들이 새벽 인사를 하는, 누구에게도 방해받지 않는 온전하고 안전한 방.
마실 가듯 숙소 왼쪽으로 걸어가면 그림 같은 호

수가 있고, 오른쪽 길로 가면 잘 가꾸어진 캠퍼스가 있다.

나는 물 한 병과 운동화만 신고 나서면 된다.

두 달의 호주 여행은 이것만으로도 축복이다.

블랙마운틴

　원래는 식물원을 돌아볼 생각이었다. 특별히 가꾼 느낌이 나지 않는 숲속 같은 식물원이었다. 처음 보는 신기한 열매가 주렁주렁 달린 키 큰 나무, 구름까지 닿아 있는 나무들과 얼기설기 엉킨 잡목들 사이로 하늘이 조금씩 보인다. 숙소 주변에 많은 대왕참나무, 학교 호수 옆의 능수버들, 낙우송 같은 나무를 '모야모' 검색을 통해 확인했는데 식물원에는 신기한 개잎갈나무도 있었다. 여러 갈래 중 한 곳으로 무작정 걷다 보니 호수를 걸을 때 매번 올려다본, 남산타워같이 생긴 블랙마운틴의 통신 탑이 코앞인 듯 가깝게 보인다. 식물원에서 올라갈 수 있다는 글을 본 적이 있어 위로 계속 가다 보니 Black Mountain 화살표 안내판이 있다. 아시아 계통으로 보이는 중년 부부도 같은 생각으로 방향을 찾는 것 같았다. 그들이 지도를 보며 찾아가고 있어 살짝 따라붙었다. 서로 "블랙마운틴?"을 확인하는 짧은 물음을 주고받으며 앞서거니 뒤서거니 했다. 생각만큼 가깝지 않고 생각보다 가팔랐다.

해는 쨍하고 숨은 찬데 그래도 고향 뒷산 같은 오솔길이 좋았다. 하얗게 빛나는 유칼립투스 나무들과 너무 깊지도 얕지도 않은 숲이 제주도의 오름과는 또 다른 정겨움이었다.

쓰러져 속이 빈 통나무가 걸상처럼 군데군데 누워 있기도 하고, 멀쩡히 서 있으나 밑둥치가 둥그렇게 파여 햇살이 들락거리는 나무도 있다. 호주 원주민의 악기 디저리두를 흰개미가 파먹은 유칼립투스 나무로 만든다고 해서 궁금했던 흰개미는 보이지 않는다. 머리에 뾰족한 노랑 깃을 왕관처럼 단 흰 새들만 둥지를 틀고 앉아 부리를 쪼아대는데, 눈처럼 하얀 몸에 점을 콕 찍어 놓은 듯 작은 눈에다가 주둥이 까만 앵무새로 이름이 코카투라는 이 녀석들이 어찌나 세게

울어대고 거만한지 흰개미를 다 잡아먹고 나무를 점령해서 저리 당당한가 싶은 정도다. 호주 어디에서나 쉽게 볼 수 있는 이 앵무새는 성깔이 대단하다고 들었다. 어느 관광객이 창가에 땅콩 몇 개 던져주니 더 달라고 떼를 쓰다 안 되니까 친구들 다 데리고 와서 앙탈 부리고 유리창에 돌 던지고 발코니 화초 망가뜨리며 행패 부렸다는 일화가 있는 정도다.

뿌리가 패인 나무둥치에 걸터앉아 전날 영상원 카페에서 다 먹지 못해 싸 들고 온 케이크를 먹어가며 타박타박 오르는데 나뭇잎 사이를 뚫는 볕이 맨살을 지글지글 태울 것 같다. 양산을 들고 오길 얼마나 잘한 건지 모르겠다.

한 시간 반쯤 걸었을까? 드디어 그들 부부와 뒤서거니 앞서거니 하며 통신 탑에 닿았다.

올라가는 숲 사이사이로 캔버라 시내가 부분 부분 보였는데 꼭대기에서도 키 큰 나무들이 막고 있어 전망이 확 트이지는 않았다. 탑에 올라가면 시원하겠는데 주말은 개방을 안 하는지 철문이 닫혀 있어 같이

143

캔버라의 노을

고향 뒷산 같은 블랙마운틴 오솔길에서
머리에 뾰족한 깃을 단 코카투를 만났다.
눈처럼 몸이 하얀 이 앵무새가 어찌나 울어대던지…….

걷던 부부는 망연히 올려다보더니 곧 내려가 버렸다.

 벤치에 앉아 땀을 식힌 후 되짚어 돌아가는데 아기띠로 아이를 등에 업고서 올라오는 부부가 한 쌍 보이고 젊은 여자 둘이 반바지에 짧은 셔츠 차림으로 모자도 쓰지 않고 씩씩하게 걸어오는 게 보일 뿐 거의 사람이 없다. 토요일이 아니면 아무도 없는 낯선 산길을 혼자 걷기엔 좀 무서웠을 거 같다.

 그런데 왜 산 이름이 블랙마운틴이지? 시드니에 있는 블루마운틴은 유칼립투스 나무들이 내뿜는 물질이 햇빛에 비치면 멀리서 푸른 산처럼 보여서 그런 이름이 붙었다는데 블랙은 왜? 유칼립투스 나무는 캔버라에 더 많다 들었는데 푸르다 못해 검어서?

 산에서 내려와 식물원 구경을 더 하고 카페에서 시원한 음료라도 한잔 마셔야겠다고 생각했는데 길을 잘못 들었다.

 오른쪽으로 더 가야 하는 길에서 직선으로 내려와 버린 거다. 뭔가 이건 아닌 것 같은 길에 건물을 올리는 공사장이 있고 노동자 한 분이 보이기에 파파고

를 열고 달려갔다. '식물원 입구를 찾는데 어디로 가야 할까요?'

내 핸드폰을 들여다본 그는 입은 말하고 손은 방향을 가리키며 열심히 안내해 준다. 쭉 가라, 라이트로 가다가 팔을 둥글게 원을 그리며 로터리 나오면 라이트 체인지……. 뭐라는지 대충 알겠다. 오케이 땡큐, 땡큐! 그가 알려준 방향으로 내려가자 큰 도로가 나오고 오른쪽으로 이글거리는 아스팔트 길을 따라가니 짐작대로 반가운 ANU 옆 식물원 입구가 나온다. 덥고 지쳐 식물원은 다음에 보기로 하고 학교 안을 통해 숙소로 향했다. 여기부터는 동네인 셈이다.

학교로 들어선 후 유난히 학생들이 많이 보이는 건물을 기웃해보니 식당이었다. 토스트를 먹고 있던 여학생 둘이 창밖의 나를 향해 생긋 웃으며 손을 흔들어 얼결에 마주 손을 흔든다. 웬 아줌마야?, 가 아니라 안녕! 해주는 느낌이다.

방향을 찾으니 여유롭다.

잃는 건 두려움이다.

사람을 잃고 집을 잃고 사랑을 잃고 기억을 잃는 일…….

살다 잠시 잠시 얻는 행복은 타는 불꽃처럼 덧없기도 하지만 소중한 걸 잃어버린 상실감은 오래 슬프고 두렵다는, 잠시 잃었다 찾은 길에서 생각한다.

일본 교수의 '한국 노동사' 발표

일본의 간세이가쿠인대학에 재직 중인 노부코 교수는 한국 노동사 전공 학자다. 서울대학교에서도 한국의 노동사를 연구하며 공부하기도 했다는 그가 안식년을 호주 대학교에서 보내는 동안 '한국 노동사' 발표회를 가지게 되어 참석하기로 했다. 노부코 선생이 단상 앞에 서 있고 김은선, 이하연 선생 등의 참석으로 방학 중인데도 썰렁하지 않을 정도로 자리가 채워진다. 발표 자료를 챙기며 긴장된다는 선생에게 노부코 선생님, 파이팅! 한번 외쳤더니 사람들이 웃었다. 평생을 공부해 온 분야인데도 사람들 앞에 뭔가를 내놓을 때는 여전히 떨리는 모양이다.

루스 교수의 사회로 발표회가 시작되었다. 내용

은 영어로 진행되었지만 중간중간 귀에 들어오거나 눈에 띄는 단어만으로 짐작하고 유추했다. 대략 한국에서 실시되고 있는 기간제 근로자, 파견 근로자, 비정규직의 고용계약 등에 관한 법률 및 구조, 현황을 설명하고 이명박, 박근혜, 문재인 정부를 지나면서 정권에 따라 어떻게 변화해 왔는지 그래프를 곁들인 설명이었다. 노부코 교수가 한국 노동사를 연구한 학자여서인지 영어보다는 한국어가 익숙해 보였다.

    초단시간 근로자들의 규모와 추이에 대한 분석이 비중을 많이 차지했다. 초단시간 근로의 급격한 증가와 외국인 근로자들의 사례가 거론되었고 한국이 일본과 다르게 외국인 노동자에 대한 제도 추진에 적극적이라며 한국의 노동조합이나 젊은 사람들이 외국인 노동자 수용에 노력하는 것 같다는, 일본이 차별이 더 심하다는 말도 했다. 이 부분의 임금구조 등에 관해 질문이 많았는데 은선 선생과 하연 선생이 번갈아 영어와 한국어로 번역하고 보충해 주었다. 참석한 한국, 태국, 미국, 호주 등 다국적을 가진 연구자들은 진지하게 경청했다.

태국에서 온 학생(이거나 연구자로도 보이는 사람)은 태국의 경우 대기업이나 정부에서 하청용역을 받는다며 한국의 사례를 묻기도 했다.

의외로 발표자인 노부코 교수가, 호주에서 정규직과 비정규직이 같이 노동조합을 만들어 함께 투쟁한 사례를 들며 호주의 이런 동력이 무엇인지 궁금하다고 질문했다. 참석자 누군가가 답했다.

첫째, 호주는 나이나 직급에 따라 위계를 갖지 않는 사회문화적인 이유가 있을 것이다. 식민지 시기였던 19세기 말까지만 해도 영국의 영향으로 사실상 고용주가 노동자를 '하인servant'처럼 취급하며 통제하였으나 1904~1905년에 연방 차원의 새로운 노동법들이 도입되었다. 이후 노동자와 사용자 관계가 계약을 기반으로 하는 평등한 구조로 변화했고, 이런 문화가 점차 배어들면서 노동자에 대한 존중, 존대는 기본이 되어 있다.

둘째, 호주는 8시간 이상 일하면 가산임금을 더 높여야 한다. 노동자는 정규 시간 외의 시간 근무로 임금이 높아지고 고용자로서는 비싸긴 해도 오버타

임에 필요한 고용을 할 수 있으니 좋게 받아들인다.

미국도 맥락은 비슷하다. 풀타임 노동자라 해서 꼭 안정적인 건 아니라는 시대적 확인 과정을 거치면서 훈련과 교육 제도가 강화되어 서로에게 좋은 방식을 찾아나가고 있다…….

통역의 도움이 있어 대략 이런 내용으로 이해되었다.

이에 노부코 교수는 일본과 한국은 비정규직을 트레이닝해서 강화하려는 패러다임이 없다고 답했다. 그러자 어떤 이가 호주의 경우는 계약직에서 파트타임으로 전환하는 게 더 어렵다고 대꾸해 웃음이 터졌다.

또 누구인가 말했다.

호주에는 국제 학생이 많은데 특히 멜버른에는 학교에서 불러들여 불법 취업하는 경우가 있다. 한국의 이주민 불법체류와도 비슷할 것이다. 멜버른 건물의 층마다 대학교가 있는데 학생은 다섯 명 정도밖에 없는 곳도 있는 등 국제학교가 유학생을 받아서 취업하게 하는 사례가 있다.

일본에서도 학생들을 유치해서 취업시키는 경우가 많았다. 그러나 한국은 이런 거 절대 안 된다. 현재 일본에서 유학생은 29시간만 일할 수 있다…….

  이런 등등의 이야기가 이어진, 영어와 한국어가 섞이고 국가와 국가가 뒤섞인 토론은 예정된 시간을 꽉 채워 마쳤다.

  흥미롭게 금방 시간이 지났지만 한편 먼 나라 땅의 대학교 세미나실에서 외국의 교수가 진행하는 내 나라 '노동사'의 현장에 앉아서 말도 못 꺼내고 있는 이 장면, 나는 뭐지? 묘한 느낌이 들기도 했다.

'오빠 생각' 그리고 '고향의 봄'

우리의 설을 하루 앞둔 날, 도톰한 이불 속을 나오기 싫은 캔버라의 신기한 여름 새벽에 누운 채 핸드폰을 여니 제주도의 모임 단톡방에 L 선생이 띄운 노래 두 곡이 도착해 있다.

'먼 나라에서 설날을 맞는 장남수 님께 보냅니다.'

윤선애가 부르는 '오빠 생각'과 '고향의 봄'이다.

참 적시에 적절한 다정함이다.

낮게 듣는 윤선애의 음성이 아직 덜 깬 신경에 잔잔한 파문을 일으킨다.

뜸북뜸북 뜸북새

논에서 울고

캔버라의 노을

뻐꾹뻐꾹 뻐꾹새

숲에서 울제

우리 오빠 말 타고 서울 가시며

비단 구두 사가지고 오신다더니

기럭기럭 기러기

북에서 오고

귀뚤귀뚤 귀뚜라미 슬피 울건만

서울 가신 오빠는 소식도 없고

나뭇잎만 우수수 떨어집니다

동요 〈오빠 생각〉

나는 비단 구두는 고사하고 고무신 사다 줄 오빠도 없으나 노래에 담긴 다정한 오빠는 고단도 했겠다. 그러나 철없는 어린 누이는 비단 구두만 기다렸을 테고. 오빠는 오지 않은 채 세월은 나뭇잎처럼 떨어진다.

이 노래가 실린 유튜브('윤선애와 아름다운 이야기')에 댓글이 줄줄 달려 있다.

열여섯에 집안 형편이 어려워 열 살 된 동생을 두

고 돈 벌러 가서 온갖 궂은일을 했었다는 '오빠'를 비롯해 수천 개의 눈물겨운 사연들이다.

내 나이보다 십여 년쯤 위로 보이는 사람부터 나와 비슷한 연령대이거나 조금 아래로 짐작되는 1950년에서 60년 사이에 태어난 많은 남성들이 어떤 마음으로 농촌을 떠났을지 새삼 알게 한다. 애틋한 사연들을 한동안 따라가다 보니 노래 한 곡이 주는 사람의 역사가 더 절절하다.

'저 멀리 혼자 아랍에서 일하는데 우연히 접한 노래가 정말 눈물 나게 한다'는 어떤 이의 문장 앞에서는, 78년도쯤 내가 일하던 원풍모방의 같은 부서에서 일하다 돈 많이 벌기 위해 이란으로 떠난 남옥이가 떠오른다.

"근데 너 남옥이네 가봤니?"

연숙이의 표정이 우울해진다.

"응, 어제 갔었어. 걔네 엄마 또 우시더라."

그 말을 하면서 연숙인 눈에 눈물이 핑 돈다. 나도 울컥 목이 메었다. 남옥이는 한 달 전에 돈 좀 벌어보겠다고 이란으로 떠난 친구다. 이란으로 가면 큰돈이나 벌려나 해서 모두들 고생을 각오하며 외롭게 김포공항을 떠나더니 간 지 한 달 만에 '교통사고'라는 어이없는 전보가 날아왔다.

(중략)

"글쎄 걔가 이란 가기 전에 사람들이 '정말 갈 거냐, 힘들다고 하더라'며 말리니까 그 애 하는 말이 '힘든 건 견딜 수 있어. 나는 내 몸을 팔아서라도 가족들을 먹여 살려야 해' 이랬다는구나."

《빼앗긴 일터》(1984, 창비) 중에서

'오빠 생각' 노랫말은 최순애 선생이 1925년에 쓴 동시라고 한다. '우리 순애 고운 댕기 사 올게' 하고 떠나 돌아오지 않는 오빠를 생각하며 쓴 시라고 하는데 백 년이 지난 우리에게도 영원한 그리움으로 남았다.

사실 이런 오빠도 많았겠지만, 나는 남옥이를 닮은 누이들이 더 많이 떠오른다. 어떻게든 오빠나 남동생을 공부시키기 위해 기차를 타고 서울로 떠났던 70년대의 딸들 말이다.

나의 네 자매들도 호구지책을 위해 모두 공장으로 향했다. 남동생들은 어렸고 부모는 빈곤했다. 부모의 생존을 돕느라 애는 썼지만, 남동생들 공부시켰노라 내세울 뭐는 없다. 나이 차가 많은 남동생이 대학생이 될 무렵에 나는 공장에서 해고되어 '블랙리스트'에 등재된 '불순'물이 되어버려 내 앞가림도 버거웠던 탓에 동생은 죽을힘을 다해 제힘으로 공부했으니까.

그러나 내 주변의 많은 동료들이 오빠와 남동생을 위해 희생하는 것을 보았다.

초등학교를 겨우 졸업하거나 심지어 그마저도 다 못한 누이들이 휴일 근무, 야근, 철야 해가며 돈을 벌어 남자 형제들의 학비로 보내는 것을.

그렇게 누이의 노동으로 공부해 다른 층위에서 잘살게 된 오빠와 남동생이 육십 넘어 온갖 궂은일을 하며 사는 누이의 삶에 조금도 경의를 표하지 않는 모습을.

그래서 쌓인 서러움과 분노를.

본인은 한글 철자도 잘 못 쓰면서, 오빠의 영어 공부를 위해 청춘을 다한 그들에게 어쩌자고 그리 살

았느냐고 말할 수도 없다. 시대가 그랬으니까. 그게 그 시대의 정서고 도리였으니까.

그런 누이를 둔 오빠들의 마음 아픈 회고도 가끔 듣는다. 멍처럼 부채 의식을 지니고 산다고 했다. 나를 보면 자기 누이가 생각난다는 이도 몇 있었다. 한잔 술의 취기로 '애틋해하는' 그들이 실제 삶에서 어떤 모양으로 누이를 대하며 사는지는 차마 묻지 못했다.

나의 살던 고향은 꽃피는 산골
복숭아꽃 살구꽃 아기 진달래
냇가에 수양버들 춤추는 동네
그 속에서 놀던 때가 그립습니다

동요 〈고향의 봄〉

이 노래의 풍경은 내 고향 풍취와 흡사하다.

나에게 '고향의 봄'은 맨 먼저 진달래로 다가온다. 동네 뒷산을 온통 물들인 연분홍의 꽃잎은 작고 연해 만지면 금방 멍이 들고 한 잎 두 잎 따서 입안에 넣으면 입천장에 상큼하게 붙었다. 할아버지 지게에

남옥이를 닮은 누이들의 삶이 떠오르는 날,
노을로 황홀하게 물드는 벌리그리핀 호수의 일몰 앞에서.

한 아름 담겨와 항아리에 담기던 진달래꽃 묶음. 봄은 시골집 장독대의 빈 항아리가 느닷없이 꽃병이 되는 때이기도 했다. 축담을 덮는 나른한 햇살에 공연히 슬픔이 몰려와 멀리 지나는 기차를 바라보기도 했다.

뒷동산 언덕의 복숭아꽃이 피면 마음마저 물들었다. 복숭아 익는 향에 참지 못한 동네 아이들이 개구멍을 만들어 들락거렸고 풀에 쓱쓱 비벼 달밤 언덕에 앉아 한 입 베어 물었다. 복숭아벌레 먹으면 이뻐진다더라며 키득거리기도 했다. 뻔히 알면서 모르는 척했을 과수원 주인, 아기 궁둥이같이 토실토실 탐스럽던 복숭아 가득한 밭도 이제는 없어졌다.

고향은 어쩌면 삶의 마지막 순간에 꼭 가고 싶은 장소일지도 모르겠다. 임종을 앞두었던 엄마의 마지막 갈망처럼.

태어나서 처음으로 명절을 전혀 느낄 수 없는 이국의 땅에 앉아 고국에서 보내온 음악으로 혼자 맞는 명절이라 해도 외롭지 않은 것은 여행 중이고 곧 돌아갈 집과 가족이 있기 때문이다.

오히려 명절이 정말 외롭고 적적하고 막막하기

조차 했던 때는 20대 후반과 30대 초였다. 그전에는 부모의 집이 내 집이었기에 고향에 가면 되었다. 열차표 예매가 시작되는 날은 용산역 광장에서 새벽부터 줄을 섰다. 아예 역에서 밤을 새우는 사람도 있었다. 그리운 가족들 생각에 추운 줄도 고단한 줄도 몰랐다. 부모님 드릴 용돈을 챙기고 동생들 선물을 챙겨 고향역에 내리면 동구 밖에서부터 기다리고 서 있던 할머니, 어른 계시니 면구해서 자식을 마음껏 반기지도 못하고 밥상을 챙기던 엄마, 공연히 큼큼 헛기침하며 마당을 서성이던 아버지, 그 반가움에 걸음이 날아올랐다. 옆집 뒷집 이웃 친척들의 바가지가 담을 넘어오는 일도 빈번했다. 수야 왔재? 이거 맛보라꼬. 땅콩 바가지가 넘어오고 고추부각이 넘어오고 참기름이며 들기름도 넘어왔다. 서울 갈 때 되면 또 귀신같이 알고 와서 뭐라도 안겼다.

그런데 공장에서 해고되거나 정보기관에 수배되며 돈도 직장도 없이 살던 시절은 고향 가는 게 어려웠다. 동네를 휘저어 놓은 정보과 형사들로 인한 친척들의 시선, 언제 결혼할 거냐고 물어대는 할머니들의 입, 더구나 빈손으로 차마 갈 수 없어서 그 사정을 말할 수도 없어 늘 바쁘다고 했으니 나는 빈둥빈둥 노는데도 천하에 바쁜 딸 바쁜 언니 누나가 되어버렸다. 어언 세월은 흐르고 나이는 들어 친구들이 하나, 둘 결혼한 후에는 앞을 봐도 옆을 봐도 명절에 같이 놀 사람조차 없었다. 서글프고 외로웠다. 예전의 명절엔 정말이지 거리는 텅 비고 가게는 셔터가 닫혀 서울이 통째 썰렁했다. 그야말로 민족 대이동이었으니까. 명절에 더 배고프고 초라해지는 도시의 자취방에서는 미래마저 암담하게 느껴졌다. 어쩌면 나는 그래서 결혼한 건지도 모른다. 혼자 있는 명절이 두렵고 외로워서. 그것을 평생 지속할 자신이 없어서.

저녁을 먹은 후 산책에 나섰다. 우람한 개잎갈나무와 능수버들이 축축 늘어진 잔디밭에 한 여성이 편하게 누워 있다. 옆의 작은 개울 돌다리에나 좀 앉을까, 하는데 앗! 도마뱀! 아니 이구아나? 우리의 골짜기나 숲에서 보는 아이보다 훨씬 큰 녀석이 여유롭게 버티고 앉아 있다. 호주에 뱀이 많다는 이야기를 들었어도 다행히 뱀은 마주치지 않았는데 이 녀석이 나를 놀라게 하네. 사진을 찍어 인터넷에 올려놓고 호수 전망대로 향했다. 날씨와 시간을 잘 맞추었는지 하늘과 호수가 붉게 물든 일몰을 만났다. 음력 한 해의 마지막 날, 환상적인 노을을 감상하는 동안 어느새 어둠이 몰려왔다.

삼 개국 여자들의 여성 이야기

　루스, 노부코 선생과 함께 점심을 먹기로 했다. 노부코 선생의 숙소 가까이에 있는 한적한 식당은 루스 교수의 단골집인지 식당 관계자며 몇몇 손님들이 인사를 한다. 이곳이 페미니즘 운동의 중심이었던 식당이라고 노부코 선생이 살짝 귀띔해 준다. 그 말을 들어서인지 식당 안에 있는 사람들이 뭔가 더 자유롭고 서로 친근하게 보인다. 루스 교수가 음식을 들고 온 여성에게 나를 소개하기도 한다.
　우리나라에 여성운동 단체들이 만들어지고 여성의 권리가 활발하게 담론화되던 초기에 나는 사실 좀 시큰둥했었다. 모 여대를 중심으로 하는 인텔리들의 고급 활동쯤으로 치부했던 거다. 당장 사느냐, 죽느냐

에인슬리 전망대에 선 삼 개국 여자들, 루스와 장남수 그리고 노부코.

생존 문제가 코앞인데 여성의 권리를 말하는 게 배부르게 느껴지기도 하고 인간의 권리, 인간 존엄성 회복 운동에 다 포함되는 거 아닌가, 하는 마음이었다. 문제를 노동과 자본으로만 획일적으로 생각한 경직된 시기였다. 그러다 1987년 여성노동자회가 만들어지는 걸 보면서 노동 현장에서 특히 여성들이 겪는 이중의 억압에 대해 훨씬 더 구체적으로 인식한 것 같다.

부당한 일에 저항하는 각 주체의 힘들이 곧 문제를 풀어가는 힘이며, 작게는 가정에서부터 크게는 국가 간의 문제까지 '가만히'가 아니라 움직여야 함을, 각각의 모든 근육을 움직이는 운동이 피를 돌게 하고 몸을 바로 세우는 것임을 조금씩 깨달았다.

억압에도 여러 층위가 있으며 부조리에 저항하는 모든 운동은 숭고하다는 것을.

식사는 연어가 곁들여진 채소 샐러드였는데 맛있게 먹고 음료도 깨끗이 비웠다. 이곳 사람들은 음식 주문을 할 때 꼭 음료를 곁들이는데 느끼함을 줄이기 위함이거나 국물을 대신하는 용도 같다.

올해 안식년을 마친 후 뉴욕의 대학교로 옮기게 되었다는 루스 교수의 근황에 놀라서 왜 이렇게 좋은 호주를 떠나려고 하느냐 질문하자 별 망설임 없이 그가 답했다.

"행복하지 않아서요."

"행복하지 않아서요?"

좀 놀랐다. 사람은 말하지 않으면 타인의 삶이나 생각은 모르는 거니까. 불행의 이유를 캐묻기는 어렵지만 타국을 선택했을 때는 그만한 이유가 있었겠지. 4월에 한 달간 한국에 다녀와서 7월 중 식구들 모두 뉴욕으로 이사할 거라 한다. 짐작하건대 눈코 뜰 새 없이 바쁜 중에 나와 노부코 선생을 위해 시간을 내는 것이었다.

루스 교수는 90년도 즈음 한국의 노동을 공부하던 시절 한국 사회가 계급 차별이 심한 느낌을 받았다며 호주도 도시와 시골의 경제적 차이가 크다고 했다. 특히 원주민 여성들이 매우 어렵게 살았는데 본인이 태어난 호주 북쪽 지역에서 더 심한 차별이 일어나고 있음을 어릴 때 보았다고 했다. 이 이야기는 그가 쓴 글에도 있었다.

브리즈번을 떠나 한국에서의 정치적 모험을 시작하기 며칠 전, 나는 이웃인 진 필립스 이모와 대화를 나눴다. 진은 원주민의 권리를 주창하는 운동가이자 복음주의 기독교인이었다. 진은 퀸즐랜드주 남부의 셰르부르라는 원주민 보호구역에서 자랐고 옛 저택 안의 관리자 숙소에 살고 있었다. 저택은 호주연합교회의 소유였고 쓰러져 가는 중이었다. 진은 내가 SCM 국제 교류를 위해 곧 한국에 간다는 사실을 알게 되자 나를 바라보며 말했다.

"왜 거기로 가? 관심과 힘이 필요한 문제라면 여기에도 충분히 많은데."

이 말 직후 그녀가 덧붙인 한마디는 날 완전히 무너뜨렸다.

"우리 (원주민) 여자애들한테는 그런 기회가 절대 안 주어지지."

그녀의 말이 옳았다. 나와 함께 초등학교에 다닌 원주민 여학생 중 그 누구도 내가 나온 선발제 고등학교에 진학하지 못했다. 원주민 남학생 중에는 진학생이 조금 있었지만, 여학생 중에는 없었다. 오늘날은 그런 현상을 볼 수 없다. 하지만 원주민 여성에 대한 인종차별적·성적 폭력이 항상 존재하던 퀸즐랜드주, 혹은 1970~80년대의 브리즈번 시내에서 학생으로서 정치 여행이나 아래로부터의 세계시민주의를 경험할 기회는 나 같은 백인 학생이 전부 독점했다.

루스 배러클러프, 《민중의 시대》(2023, 빨간소금) 중에서

노부코 선생은 다음 주에 시드니 여행을 떠날 거라며 루스 선생은 너무 바쁠 테니 나에게 같이 가겠느냐고 물었다. 이미 숙소를 예약해 둔 상태였는데 이틀 숙박비가 57만여 원이라고 해서 놀라자 원래 시드니 물가가 높기도 한데 중국 춘절을 맞아 여행객이 몰려서란다. 과한 숙박비가 걸리기는 하나 시드니를 여행할 기회가 또 있겠나 싶어 그러기로 했다.

식사를 마친 후 에인슬리 전망대로 향했다. 빗방울이 살짝 떨어지긴 했으나 문제가 될 정도는 아니고 오히려 쨍쨍하지 않아 산책하기에 좋았다. 듣던

대로 캔버라 시내가 한눈에 들어왔다. 멀리 국회의사당이 직선으로 멋지게 보였다. 마침 커다란 사진기를 매고 옆에 서 있던 남자에게 부탁해 셋이 기념사진을 찍었다.

시드니 나들이

　캔버라에서 시드니는 287킬로미터, 소요 시간은 버스로 3시간 30분 걸린다. 캔버라 시내를 벗어나서 막힘없이 달리는 도로 옆 광활한 초지가 영화에서 본 장면 같다. 신호등도 없고 앞, 뒤 자동차나 건물도 거의 없는 길, 간혹 초록 들판에서 빙글빙글 돌아가는 풍력발전기와 양 떼, 검은 소, 누런 소, 오로지 가축뿐이다. 버스 혼자 달리는데도 과속하지 않고 일정한 속도를 유지하는 것도 놀랍다.

　평화롭게 풀을 뜯고 있는 짐승을 보니 인간이든 동물이든 살고 죽는 건 같은데 죽을 때 죽을지언정 저리 살다 가면 괜찮겠다는 생각이 든다. 태어날 자리를 태어날 자가 선택할 수는 없지만 난 자리에 따라 짐승의 삶도 달라지는 것이었다.

    들판 곳곳에는 마치 제주 선흘 동백동산 습지의 물통 같은 크고 작은 연못들이 보이는데 짐승들의 샘터인가 보다. 때로는 짙은 안개가 몽환적으로 들판을 덮기도 했다. 두어 칸 뒤에 앉은 남자는 기분이 과잉인지 끝없이 중얼중얼 노래를 부르고 팔십은 되어 보이는 남자 노인 한 사람은 30분마다 버스 뒷자리에 붙어 있는 화장실을 드나들었다. 달리는 버스의 좌석 손잡이를 잡고 비틀비틀 화장실을 들락거려야 하는 늙음은 국적을 불문하고 처연하다. 버스가 시드니에 도착하니 정류장에서 기다리던 젊은 여자가 그 노인을 반겨 맞이한다. 딸인 것 같다. 노인에게 반기는 사람이 있어서 다행이다.

    여기가 그렇게들 시드니, 시드니 하는 곳인가 싶을 정도로 터미널 주변 풍경은 깔끔하지도 웅장하지도 않았다.

    택시를 타니 곧 도착한 숙소, 세상에 이게 하루에 29만 원 호텔이라고! 최소 크기의 침대 두 개가 좁은 간격으로 나란히 있을 뿐 욕실화 실내화 칫솔 치약 같은 것도 없다. 냉장고에 물 두 병이 전부라니. 정말이지 우리나라 모텔보다 못한데 어쩌랴, 여기는 시드니이고 엄청난 관광객이 몰렸다니.

한번은 가보고 싶었던 오페라하우스 야외 테라스의 달고 시원한 맥주 한 잔과 해안을 한 바퀴 둘러 전원주택처럼 예쁘게 자리한 집들의 풍경이 좋았다. 유명한 본다이비치 백사장에서 뙤약볕을 온몸으로 받으며 누워 있는 사람들이 신기하면서도, 제주도 협재 김녕의 해변들과 송악산이나 용머리해안이 더 아름답다는 생각이 불현듯 일어나 갑자기 제주도가 확 그리워지기도 했다.

시내 관광버스는 보여주고 싶은 것만 보여줄 테니까…… 숙소 주변 대로변과 지하도 입구에서, 버려진 종이컵이며 쓰레기 더미 같은 것을 이불처럼 싸고 누워 있던 사람들은 관광코스에 없는 이면들이었다.

노숙자의 문제는 사회적인 것과 개인적인 것이 혼합되어 복잡하다 하더라도 부유한 나라의 서비스

시설에 의문이 들었다. 집은 그림 같은데 왜 공중화장실이나 버스 터미널 같은 시설은 초라할까? 제주도만 해도 동네 공원, 올레길, 오름 입구 등 어딜 가나 공중화장실이 잘 마련돼 있고 버스 터미널 의자는 냉난방이 되어 있는 경우가 많다. 반면 호주의 공원은 잔디가 푸르고 나무도 울창해서 좋긴 한데 화장실이 잘 보이지 않아 다닐 때마다 좀 불안했다.

마지막 날 아침, 짐을 꾸리고 나와 걸어서 5분 거리의 시청 전시실에서 열리는 뱅크시 전시회를 볼 수 있었다. 시드니대학에 근무하는 루스 교수의 동료가 정보를 주어 예약이 가능했는데 30분 단위로 입장객을 들여보내고 있었다. 사실 처음엔 뱅크시 전시회? 그게 누구지 했다가 검색을 해보니 언젠가 매스컴으로도 본 낙서 화가, 바로 그였다. 아, 그 기이하고 괴상한 사회성 높게 느껴지는 화가의 그림이라니 반색했다. 역시 다른 화가의 작품보다 직설적으로 느껴졌다. 총과 칼, 뾰족한 것들로 쌓인 검은 산에 어린 여자아이와 남자아이가 동물을 안고 있거나 두 손으로 빨간 하트 풍선을 띄우는 갈망을 담은 느낌의 그림과 기침을 하다 틀니가 앞으로 튀어 나가고 지팡이와 손가방은 뒤로 떨어지는 여자 노인 그림, 전투기가 날아다니는 허공에서 아이를 안은 두 여인이 아이에게 먹이고 있는 우유병의 무서운 상징 같은 그림들이 인상적이었다.

화가가 어느 지점에 시선을 두고 있는지를 알 것 같기도 하고 발상의 기발함과 예술적 상상력이 놀라웠다. 이 화가가 '낙서'해 놓고 간 집 주인이 갑자기 떼돈을 벌었다는 식의 이야기도 있다는데 우리 집에도 낙서 한번 해주고 가지, 속으로 욕망하다가 '아, 그려 줄 내 소유의 집이 없구나.' 실소도 했다. 이러나저러나 영국의 어둠이었다가 영국의 자랑이 되었다는 화가의 작품들을 잘 감상했다.

전시회 구경 후 호텔에 맡겨둔 짐을 찾으며 서비스가 엉망이라고 노부코 선생한테 한소리를 들은 호텔 남자 직원이 음료수를 드릴까요? 물을 드릴까요? 호들갑을 떨며 생수 한 병씩을 꺼내주더니 택시 타는 곳까지 짐을 끌어다 주고 간다. 필경 우리 뒤꼭지에 대고 몹시 투덜거렸을지도.

시드니대학교는 축제 중이었다. 학교 안으로 택시가 들어갈 수 없어 내려서 걷는데 드라이아이스를 뿜는 부스를 설치해 이벤트를 하느라 학생들이 바글바글해서 지나가기조차 어려울 정도다.

호주에 와서 정말이지 대학을 원 없이 보게 되는데 건축물로도 유명하다는 시드니대학교를 선글라스 낀 눈으로 올려다볼 뿐 사진 한 장 제대로 찍기 어렵다. 날은 찌는 듯 덥고 캔버라와 달리 매우 습하다. 마중 나온 조은아 교수와 외국인 동료 교수를 겨우 만나 그의 연구실에 짐을 놓고 복잡한 운동장과 땡볕을 뚫고 교내식당으로 향했다. 호주의 광활한 자연이 사람을 여유롭게 해주는 걸까? 날 덥고 성가실 수 있는데 사람들이 상냥하고 친절하다. 조은아 교수가 성균관대학교를 졸업했다는 말에 딸의 모교이기도 해서 괜히 더 반가웠다. 그 학교의 은행나무가 예쁘긴 하지만 냄새가 곤혹스러웠다느니 하는 대화를 모국어로 하니 어찌나 편한지 모르겠다. 여기도 비싸긴 마찬가

지인 교내식당 점심을 먹고 내 가방은 외국 남자 등에, 노부코 선생 캐리어는 조은아 교수 손에서 밀고 끌며 호출한 택시 찾느라 숨바꼭질 해가면서 겨우 택시를 탔다. 차 한잔을 대접하겠다고 두 교수가 터미널까지 동행했으나 틈이 없었다. 아쉬우니 악수라도 하자, 손 한번 잡는 것으로 인사를 마쳤다.

캔버라 터미널에는 노부코 선생의 단골인 일본인 택시 기사가 대기해 있다가 친척 맞이하는 듯이 짐을 받아 싣는다. 차에 앉은 후 일본어로 틈 없이 이야기를 나누는 걸 보니 역시 한국 노동사를 전공한 학자이고 한국말을 많이 쓰고 있지만 사람은 모국어를 쓸 때 가장 자유로운 것 같다.

캔버라 다문화 축제

　복잡한 걸 싫어하는 나는 축제 장소를 피해서 다니는 편이지만 호주의 다문화 축제는 궁금해 가보기로 했다. 이제는 익숙해진 길을 따라 캔버라 타운에 도착하니 알록달록한 구름 떼같이 사람이 많았다. 평소 조용하다고만 느꼈던 캔버라에 이렇게 많은 사람이 살고 있었나? 놀랄 정도다. 고양이가 생선 본 듯 유인물 뿌리기 딱 좋겠다는 생각이 불쑥 일어 실실 웃었다. 음식 매대 앞은 줄이 길어 지나가기 어려운 정도이고 그 와중에도 음식을 받아 든 사람들은 길에서 접시를 들고 열심히 먹다가 음악이 나오면 몸을 흔들기도 한다. 마이크가 설치되고 사람들이 빽빽하게 에워싼 무대 위에서는 흑인 여성 한 무리가 열정적으로 춤을 추는데 관객들의 호응이 굉장하다. 키 큰 아빠 목을 타고 앉아 사람들의 머리 위에서 두리번거리는 아이도 보인다. 노란 타래실을 새끼 줄처럼 꼬아 머리띠로 치장한 여성들도 많다. 유모차 안에서 아기가 저 혼자 팔을 젓기도 하고, 멜빵 원피스를 입고서 머리에 주렁주렁 색색깔 방울을 매단 어느 아이는 엄마 등에 업혀 저도 뭔가를 보려고 고개를 있는 대로 빼고 있다. 무대는 한 곳만 있지 않아서 다른 쪽에서는 또 다른 나라 사람으로 보이는 여성들이 선녀 같은 옷을 입고 머리에 바구니를 올려 춤을 추고 있다. 용케도 바구니는 위에서 떨어지지 않는다.

한국 음식을 파는 매장도 보인다. 안동찜닭, 매운 국물 닭발, 짬짜면, 해물짬뽕 사진이 먹음직스럽게 붙어 있다. 짬짜면 그릇에 담긴 짬뽕 반, 짜장면 반이 담긴 사진에 웃음이 절로 난다. 머리에는 뿔 같은 게 두 개 솟아 있고 눈은 동그랗고 양손은 가슴에 착 붙이고 다리는 짧은, 희한하면서 귀여운 금동 조각상이 신기하다. 제주도의 돌하르방이 우직하고 무게감이 있다면 이 조각상은 장난스럽고 귀엽다. 어딜 가나 부모를 따라오는 아이들이 있고 그 아이들을 위한 만국 공통의 놀이기구 회전목마가 돌고 있다. 혹시나 장터에서 보았던 디저리두를 부는 사람이 있으려나 한 바퀴 돌며 살펴보았으나 찾지 못해 아쉽다.

축제장은 공연히 들썩이고 맥주라도 한잔해야 하나 들뜨기도 한다. 하지만 어두워지면 숙소 주변은 적막강산이라 군중들 속을 빠져나와 걸으며 축제의 날들을 회상한다.

구경하는 사람이 아닌 주체로 참여한 내 최고의 축제는 원풍노조의 행사였다.

매해 노동절이면 회사 식당에서 열었던 행사, 그 무대에서 탈춤반인 나와 동료들은 다양한 인물을 상징하는 탈을 쓰거나 역할에 맞는 분장을 하고 마당극을 공연했다.

식당에 가득 찬 천팔백 명의 조합원들과 원풍노조와 인연 있는 외부 인사들의 수천 개 눈동자가 무대에 꽂혔다. 우리는 신이 나 있는 끼를 다 끌어올려 연기를 했고 "얼쑤" "잘한다." "에라이 죽일 놈!" "힘내,

구경하는 사람이 아닌 주체로 참여한
내 최고의 축제는 원풍노조의 행사였다. 슬픔이나
고통만이었다면 이어오지 못했을…….

캔버라의 노을

원풍노조가 깨지고 거의 반세기가 흐른 지금까지도
해마다 '원풍동지회' 모임을 이어갈 수 있는
이유는 바로 그 '추억'의 힘이 아닐까.

힘내!" 관객의 댓거리에 한껏 고조되었다. 심지어 악독한 기업주에 붙어 노동자를 배신하는 어용노조 역할을 맡은 동료는 관객석에서 날아온 신발짝에 탈바가지 쓴 볼기를 얻어맞기도 했다.

추석과 설 명절에도 귀향하지 못한 조합원들과 외부 손님들을 초청해 열리는 기숙사 강당의 잔치에서 그에 맞는 극으로 축제의 분위기를 띄웠다.

그중에도 가장 기억에 남는 축제는 79년 가을 운동회다. 노조는 굳건했고 하늘은 푸르고 높았다. 공장 부서마다 재능꾼들이 꼭 몇은 있기 마련이어서 각양으로 꾸민 부서별 장기자랑이 배꼽을 쥐게 했다. 운동장 높이 세운 장대 끝에서 박이 터지고 다리 묶어 달리던 남녀 조합원이 흙바닥에 쌍으로 고꾸라지기도 했다.

축제의 대미를 장식할 시간, 탈춤반이 풍물 마당을 펼쳤다. 상쇠와 부쇠 징을 따라 장구와 소고가 따르고 문둥이 탈을 쓴 잡색이 너풀거리고 다녔다. 내가 바로 그 문둥이 잡색 역이었다. 온 운동장을 휘젓고 다니는 동안 여기저기서 부어주는 막걸리를 받아먹

느라 탈을 올렸다 내렸다 하는 사이에도 원풍노조의 탄탄한 조직력이 마냥 부러운 구로 영등포 지역의 이웃 노동자들 눈빛이 아련하기도 했다.

　그 후 원풍노조가 깨지고 거의 반세기가 흐른 지금까지도 거르지 않고 매해 봄 야유회를 하고 가을엔 '원풍동지회 총회'를 하며 사십 년이 넘게 만나는 마음은 바로 그 '추억'의 힘이 아닐까. 슬픔이나 고통만이었다면 이어오지 못했을 추억의 기억.

소소한 문단 인연

속절없이 날이 흐르면서 좀 초조해졌다. 너무 빈둥거리는 거 같아서였다.

단편이라도 한 편 써야지 하면서도 마음뿐이었다.

뭘 하지 않으면 불안하거나 심하면 죄의식까지 드는 심리라니. 마음고생도 팔자다.

멀리 좀 걸어볼까, 하는데 문자가 왔다.

G 선생이었다. 남편을 소개해 드리고 싶다고 했다.

G 선생 부부는 창비출판사를 떠올리게 하는 분들이고 창비는 첫 장에서 언급했던, 이십 대의 내 첫 책을 낸 출판사다.

기억이 세밀하지는 않지만, 대학노트에 쓴 내 글

을 한국노협의 홍보 일을 돕던 박승옥 씨(당시 돌베게 출판사)가 보게 되었고 그가 창작과비평사(창비)에 보내보자고 권했다. 얼마 후 창비에서 출판하겠다는 연락이 와서 당시 고세현 편집장을 만났고 그때부터 원고를 교정하고 중간 제목도 만들며 꽤 몰두했던 기억이 있다. 그해 말 《빼앗긴 일터》라는 제목으로 출판되어 당시 일하고 있던 한국노협 사무실로 근사한 표지의 책이 배달되어 왔을 때 마구 가슴이 뛰었다.

다음 해 《빼앗긴 일터》가 '오늘의 책'에 선정되었다며 동으로 만든 멋진 상패도 받았다. 내 이름의 출판물로 받은 첫 번째 상이었다. '인세'라는 걸 받아보았고 한참 후 거제도에 살고 있을 때도 모 대학에서 한꺼번에 백 권을 주문했다며 인세를 보내주었던 기억이 있다. 지금은 창비를 누가 어떻게 운영하는지 전혀 모르지만 그럼에도 그 출판사와 관계 있는 분이라 반가웠다.

G 선생의 남편, 선한 선비 같은 인상의 B 선생은 뜻밖에도 협동조합에 관심을 두고 연구 중이라고 했

다. 내 귀국 일정을 확인한 그는 좀 더 일찍 만나지 못한 걸 아쉬워했다. 책 읽는 모임을 하고 있다며 그 친구들과 한번 만났더라면 하는, 또 매일 여기저기 걷는다는 나에게 멋진 길을 안내할 시간 여유가 없는 아쉬움이었다. 나는 귀국 일자가 얼마 남지 않았고 B 선생도 곧 한국에 다녀와야 하는 일정이었기 때문이다.

이야기를 나누다 주변이 조용해서 보니 실내 카페는 이미 문을 닫은 후였다. 이 카페는 4시면 문을 닫는데 잔 수거도 하지 않고 그냥 문을 닫고 가버린다. 야외에 자리 잡은 손님들은 문을 닫을 때까지는 편히 있다가 빈 컵과 물잔만 밖의 탁자에 놓고 가면 된다. 시간 가는 줄 모르고 즐겁게 담소를 주고받던 우리도 일어날 때가 되었다.

나는 문창과나 국문과, 또는 문단을 통한 인맥이나 인연의 고리가 당연히 없고 작가들의 무슨 모임이나 조직에 들어본 적이 없으며 주변머리가 없어 잘 어울리지도 못한다. '작가회의'에 참여하라는 권유를 받은 적이 있지만 내 성격에 가봐야 꿔다 놓은 보릿자루가 될 게 뻔해 선뜻 참여하지 못했다.

캔버라의 노을

스물다섯 성탄절에 공장과 배움, 분노와 슬픔을 담은
《빼앗긴 일터》를 출간하며 '글 쓰는 노동자'로
문학의 언저리에 한 발짝 내디딜 수 있었다.

그러다 보니 몇 해 전 소설을 써보겠다는 꿈으로 입주하게 된 토지문화관에서도 작가들과 어울리는 게 적잖이 머쓱했다. 그들은 대부분 서로 알고 책을 많이 낸 사람들이었다. 다행히 처음 식당에서 마주 앉게 된 표 모 작가와 매일의 밥 동무가 되었고, 나처럼 집필실에 처음 들어온 이 모 시인, 김 모 작가와 산책 동기가 되어 성황당길, 달맞이길, 복숭아밭 길을 동반했는데 떠올리기만 해도 기분이 좋아지는 사람들이다.

별 이야기를 나누지는 못했지만 내 방 맞은편의 강원도 출신 안 모 시인도 인상적이었다. 작가들은 대체로 야행성이었는데 농촌 태생이라 그런지 그녀는 나처럼 새벽형이었다.

모두 잠들어 있는 고요한 새벽 산책길에 종종 논둑에 앉아 쑥을 캐는 안 시인을 보았다. 파릇파릇 올라오는 봄날의 파란 쑥에 가장 진심이었던 게 나와 그녀였다. 작가들은 탐스러운 쑥을 볼 때마다 단체로 캐서 인절미를 해 먹자고 수선을 피우긴 했어도 그저 지나가는 말이 되었을 뿐인데 그녀는 사뿐사뿐 선녀처럼 쑥을 캐서 모으더니 어느 주말 집에 다니러 가서 떡을 해 왔다. 한 덩어리씩 나눈 떡 포장 위에 마을에 곱게 피던 빨간 명자꽃잎 한 장을 살짝 붙여주던 천생 시인, 집필실 이웃사촌 나에게는 특별히 두 개를 줬다. 술 좋아하고 꽃 좋아하던, 나에게 떡을 두 개 주어 더 특별했던 멋진 시인이었다.

그녀와 내가 공범으로 오해되어 토지문화관 야사로 남을 뻔한 촌극도 있었는데 어느 날 식당이 웅성웅성했다. 알고 보니 주방 담당하는 분이 점심 찬으로 미나리무침을 하려고 문화관 마당 작은 웅덩이 옆에 바구니를 들고 가보니 누가 미나리를 싹 끊어 가버렸더라는 것이다.

나와 그녀가 첫 번째 의심 대상이 된 거 같았다. 토지에서 돌나물이니 쑥 같은 봄나물에 눈 반짝이며 칼 들고 다니는 촌 여자들은 우리 둘이니까.

문단 이력이나 나이로 약간의 좌장 역할을 하는 모 작가가 슬며시 나에게 묻고 그녀에게도 물어본 모양인데 나는 그곳에 미나리가 있는 줄도 몰랐고 그녀도 아니었다. 사람들이 바로 의심을 거두었는지는 모르겠으나 그렇게 며칠이 지난 후 범인(?)이 확인되었다.

토지문화관 옆에 있는 동네 주민의 밭에 며칠째 일꾼으로 왔던 아주머니였다. 아마 노지에 그냥 나온 봄나물이려니 무심코 또 채취하려고 갔다가 현장에서 적발(?)된 모양이었다.

토지를 떠나기 전날, 섭섭한 마음에 규정을 위반하고 밥 동무 작가, 산책 동무 시인, 쑥떡 준 시인 등 몇 명이 살며시 연 술자리, 한밤중 원주의 까만 하늘에 빛나던 노란 별처럼 인상적으로 남은 몇 작가들.
지금은 에스엔에스로 연결되어 소식을 나누는 작가들이 좀 많아졌지만, 그런 정도가 내가 잠깐이라도 인연 닿은 소위 '문단' 사람들이다. 요즘은 소심하게나마 인터넷을 통해 이은 인연이 조금씩 늘면서 내가 작가의 길목에 들어섰구나, 하는 느낌에 살짝 뿌듯해지기도 한다.

친절

옆 건물 공사는 한 일 년쯤 할 모양인가. 아침 일찍부터 소음의 정도가 심해져서 피신을 가려고 가방에 과자랑 물을 챙겨 일찌감치 나섰다. 공사 자재 등으로 길은 지나가기에도 복잡하다.

이번에도 이틀간 대형 크레인 사용으로 소음이 있을 테니 양해 바란다는 학교의 메일을 받았는데 이런 메일을 남은 기간에도 몇 번 더 받게 될까?

호주의 작업 일정은 한국 사람이나 일본 사람이 보면 속 터진다던 노부코 선생 말처럼 진정 그렇다. 우리처럼 빨리빨리 문화에 익숙한 사람들로서는 속히 매듭지으면 될 거 같은데 시나브로 세월아 네월아 하는 것 같아 답답하긴 하다.

일전에 만난 B 선생은 집에서 간단한 수리를 하나 하려고 해도 출장비만 80불가량이 들고 그나마 일주일이나 보름은 기다려야 한다고, 그러다 보니 내 손으로 하고 말지 싶어 하나씩 사 모은 도구가 집 안에 쌓여간다고 했다. 성품이 느긋해 보이는 B 선생도 그럴진대 성격 급한 사람들이 적응하려면 속이 터지기는 하겠다.

다녀오는 동안 공사 좀 끝나 있어주기를 빌며 호수 옆길로 내려갔다.

새벽에 간단히 나설 때는 너무 멀리 가기는 어려웠는데 오늘은 아예 가는 데까지 가보자고 작정했다. 푸른 언덕 위에 그림 같은 저 건물은 뭘까, 늘 궁금했던 곳으로 올라가 보니 호주금융센터였다. 호수를 한눈에 내려다볼 수 있는, 파란 잔디로 덮인 언덕 위에 멋지게 자리한 금융이라니 다른 건 몰라도 정서적으로 번성할 거 같다. 옆에는 예쁜 카페가 있어 이른 시간인데도 산책 나온 사람들이 차를 마시는 모양이다. 디카페인으로 커피를 한잔 마실까, 잠시 머뭇거리다 그냥 호숫가로 내려간다. 한쪽 편에 아담한 연못이 있고 파란 연잎 위에 하얀 연꽃이 청초하게 피어 있다. 풍경이 너무 고와 벤치에 앉는다. 이리 봐도 저리 봐도 푸르고 푸르다.

호수나 공원을 걸을 때마다 화장실이 보이지 않아 신경 쓰였다. 빈뇨는 아니어서 다행히 급한 상황은 겪지 않았지만, 소통이 어려운 처지니 은근히 두리번거려 찾아보게 된다. 이날 호수 끝자락에서 화장실을 발견했다. 딱히 볼일은 없었으나 굳이 들어가 보았다. 칸이 넓고 화장지 여분도 준비되어 있고 수도꼭지 옆에 물비누도 설치되어 있었다. 그래, 이 정도는 되어야지. 속으로 구시렁거렸던 터라 괜히 좀 머쓱하면서도 흐뭇했다.

웬만큼 걸은 후 돌아가는 길은 시내를 거쳐 가보기로 했다. 방향은 감이 잡히니 걸어가면 될 테지, 해는 길고 여차하면 택시 타고 National Film and Sound Archive만 말하면 바로 옆이 숙소니까.

캔버라센터에 들러 쇼핑도 하기로 마음먹고 순전히 감으로 처음 보는 빌딩을 지나고 도로를 건너며 한참을 걷다가 좀 확인해야겠다 싶어 파파고를 열어 젊은 여성에게 물었다. 그녀는 친절하게 손으로 가리키며 설명해 주었다. 말은 못 알아들으나 손짓은 보이니 눈과 입으로 땡큐를 말해주고 가르쳐주는 방향으로 걸었더니 다문화 축제 때 와본 캔버라센터 옆 넓은 골목이 보였다. 그날 돌고 있던 회전목마는 아예 이곳의 고정 시설인 모양이다.

여기서 또 마트를 찾아야 했다. 광장의 벤치에 앉아 담소를 나누는 여성 둘에게 다가가 물어보자 그중 한 사람이 한국어를 아는 모양이다. 한국인이세요? 나에게 확인하더니 생긋 웃으며 입과 손을 번갈아 저기로 가서 left로 돌아서라 하는데 손이 가리키는 방향은 오른쪽이다. left? 왼쪽, right 오른쪽? 하니 아, sorry, 오른쪽! 하며 깔깔 웃는다. 오른쪽과 왼쪽에 대한 구별이 조금 헷갈린 모양이다.

그렇게 찾아가서 건물을 코앞에 두고도 한 차례 더 도움을 받은 후에야 마트가 눈에 들어왔다. 딸이 여행을 마치고 돌아갈 때 스무 개쯤 사 갔는데, 나눠 주느라 다 없어졌다며 더 사다 달라고 한 과자를 찾아내어 한 꾸러미 집고 김치찌개용 돼지고기도 한 팩

담은 다음 직원에게 손짓해 결제 도움을 받은 후 불룩해진 가방을 메고 나와 길을 잡으려는데 이런 길치, 또 방향이 가늠되지 않는다. 딸이랑 왔을 때는 택시를 타고 갔기에 더 그렇다. 숙소까지는 30여 분 거리, 덥지도 않은 날씨라 걸으면 되는데 방향이 사방 다 비슷해 보인다. 결국 지나는 여성을 붙잡고 ANU 방향을 알려달라고 핸드폰을 내밀었다.

    그런데 이 여성, 아예 가던 길을 돌아서서 나를 이끌고 걷는다. 나는 미안해서 T2를 중얼댔고 T2 가게 앞을 찾으면 방향을 알 수 있다는 뜻을 여성이 알아듣는다. 드디어 알 것 같은 길이 보였다. 이제 알겠다, Thank you so much! Thank! 거듭하니 여성이 상냥하게 웃으며 돌아선다. 와, 이곳 사람들 왜 이리 친절한 거야? 자그마한 선물이라도 들고 다닐걸, 또 후회한다.

    친절한 사람들, 이런 것이 호주의 여유일까? 그래서 이민자가 그렇게 많이 유입되고 '한국이 싫어서' 호주로 떠난 소설이 나오는 걸까?

친절은 성품에서 비롯되기도 하지만 여유에서도 배어난다. 행복하면 세상이 고와 보이고 호주머니가 넉넉할 때는 배도 안 고픈 게 사람이니까.

5분이 급해 달리는 사람이, 고된 노동에 곤죽이 된 사람이, 월세를 올리겠다는 집주인의 통보를 받은 세입자가, 생살 같은 아이를 잃은 부모가, 학부모의 민원에 시달려 삶을 놓을 생각을 한 교사가 길 묻는 자에게 생글생글 웃으며 친절할 수는 없을 것이다.

캔버라의 노을

대학 연구실의 내 이름표

ANU에서는 내가 도착한 즉시 연구실을 정해주고 키를 줬지만 이용한 적이 없다. 학교는 초청 형식에 따른 것이라는데, 나는 '연구'하는 학자가 아니고, 숙소 환경이 좋아서 그곳에 자리 잡을 필요도 없다. 잎이 반짝이는 나무들 보며 창을 활짝 열어두고 앉으면 만사가 편한데 굳이 뭐 하러 어색한 몸짓으로 연구실에 앉아 있으랴. 찾기도 복잡한 건물 안에서.

그 미로 같은 연구실에 오늘은 한번 가보기로 마음을 먹는다.

호주에 오기까지 메일을 통해 도와주었던 실무 담당 K 선생께 책과 작은 선물을 전하고, 학교 앞에서 저녁에 루스 선생과 노부코 선생을 만나 식사를 하기로 했으니 겸사 겸사다.

양산으로 햇볕을 가리며 쿰스빌딩에 들어갔는데 알 거 같던 연구실이 도무지 미로 같아 빙글빙글 돌다 지나는 학생인지 교수인지를 붙잡고 물어보니 본인은 모르겠는지 어느 사무실로 나를 데리고 간다. '루스 배러클러프 룸'을 중얼댔지만 못 알아듣는지 갸웃갸웃해, 루스를 포기하고 김, 은, 선, 을 또박또박 말하니 앉아 있던 나이 든 교수가 컴퓨터 화면 어느 지점을 짚자 나를 데려간 여성이 고개를 끄덕이면서 따라오라는 시늉을 하고 앞장선다. 역시 미로, 여기가 거기 같고 거기가 여기 같은 사무실들을 지나는데 약간 눈에 익은 곳이 들어온다. 내 이름과 노부코 교수의 이름이 나란히 달려 있는 연구실, 슬쩍 보니 노부코 선생이 열심히 뭔가 일을 하고 있다. 그 방을 지나서 안내해 준 이가 똑똑 노크하고 열린 문 안에 아, 반가운 은선 선생! 비로소 나를 인계해 준 안내자는 웃으며 떠났다. 캔버라 시내에서도 그랬는데 이곳 사람들은 길을 물으면 아예 목적지까지 인도해 주는 걸 당연해하는 모양이다. 내가 영어를 못하는 거 같으니 어린아이 보호하듯 하는 건지 모르겠으나 어쨌든 나는 늘 무사히 목적지에 이르긴 한다.

알고 보니 K 선생 연구실에도 내 이름이 붙어 있고 책상도 비어 있다니 이거 원 호주의 국립대학교에 연구자도, 학생도 아닌 내 공간이 두 곳에나 마련된 모양이다.

예쁜 꽃무늬 원피스를 입은 명랑하고 유쾌한 은선 선생과 수다를 떠는 동안 K 선생이 왔고 안식년이라 거의 사용하지 않는 루스 교수의 연구실을 쓰고 있던 하연 선생과도 합류해 한국학연구소 모임방에까지 동행했다. 이 방을 잘 기억하려고 꼼꼼히 사진을 찍으며 세 사람이 서서 이야기 나누는 장면도 슬쩍 한 컷 담는다.

하연 선생이 연구실 길 찾기 좋은 꿀팁을 알려드리겠다며 따라 나와 안내해 준 길을 기억하면 학교 마실은 한결 수월할 듯하다. 이들과 헤어진 후 약속 장소로 가니 노트북 가방을 메고 카우보이 모자를 쓴 노부코 선생과 하얀 모자에 파란 투피스 차림을 한 루스 교수가 손을 흔들었다.

루스 교수가 추천한 말레이시아 음식점은 한인 마트가 있는 건물로 늘 지나다니며 본 식당이었다. 메뉴판을 놓고 이 음식은 이렇고 저 음식은 저렇다고 설명을 해주었는데 예, 예, 맡겨버리고 음료를 무엇으로 하겠느냐기에 더우니 맥주 한잔하면 좋겠다고 했으나 이 식당에는 맥주를 팔지 않았다. 두 분이 한꺼번에 일어서더니 옆의 가게에서 캔맥주 네 개들이 묶음을 사 왔다. 운전해야 하는 루스 교수는 음료수를 마시고 노부코 교수와 나는 맥주를 곁들인다. 말레이시아 대표 음식이라는 볶음밥과 해산물에 면을 볶은 중국식 요리, 월남쌈처럼 닭살과 소스를 섞어 둘둘 말아 먹는 음식을 각각 한 접시씩 놓고 덜어 먹는데 맛이 괜찮다.

　만나는 횟수가 쌓이면서 우리도 조금 더 편해진다. 서로의 생각과 취향에 대한 이해도 조금씩 커진다. 기분 좋게 식사를 마친 후 남은 음식을 포장하고 맥주 캔 두 개도 챙겨, 루스 교수의 차를 두고 온 주차장을 향해 학교 정문 대로를 활보하며 사진도 찍는다. 숙소 앞까지 태워주겠다는 걸 사양하고 으스름해진

캔버라의 노을

길을 천천히 걷는데 바람 산들산들 불고 기분도 좀 아련하다.

연구실에 붙어 있던 두 달짜리 유효기간의 내 이름표가 떠오른다. 기념하듯이 핸드폰에 슬쩍 담으면서 주변을 한번 둘러본 나, 왜 그랬을까? 외국의 대학교 연구실에 붙은 내 영어 이름이 낯설고 어색해서? 그래도 남기고 싶어서?

친구가 몇 년 전에 카카오톡으로 음악 한 곡을 보내온 적이 있다.

~그 옛날, 영등포의 찻집 구석에 앉아 DJ에게 이 음악을 신청하던 네가 생각나서~ 라는 메시지와 함께 실려온 팝송 Feelings 였다.

전체는 따라 부르지 못하고 입속으로 곡조에 맞춰 흥얼거리다가 oh oh oh Feelings 부분만 입 밖으로 소리를 내어보던 그 곡~.

'사랑의 감정' '느낌'이 그냥 좋아서, 가사 전부는 못 따라 한 채, 손가락 두어 개 크기의 메모지에 스펠링을 써넣어 신청하던 유일한 팝송이었으리라.

레코드 가게 앞을 지날 때면 Moon River, My Way, 울려 퍼지던 팝송들을 맘껏 불러보고 싶었지만 그러지 못했다. 넘치는 내 감성은 이국의 언어 앞에서 쓸쓸했다. 그래도 그때는 지금처럼 거리의 온갖 간판이 영어 일색은 아니었다. 보이는 건물 간판들과 찾아야 하는 정보의 상당 부분이 영어인 지금, 내가 지나온 때를 비슷하게 살아온 사람들은 하릴없이 길에서 길을 잃기도 한다.

지금 호주의 밤 별을 보며 걷는 나는 여전히 길 위에서 길을 찾아 헤맨다.

자존감

　귀국하면 정식으로 인터뷰하겠다고 약속한 방송팀에서 인천공항으로 입국하는 장면을 찍고 싶다고 한다. 그래봐야 한두 컷 담기 위해 제주도까지 인터뷰하러 오는 게 무리겠다 싶어 이해는 되는데 공항 촬영은 민망한 노릇이다. 연예인도 아니고 과하지 않냐고 하자 그쪽에서는 김민기 선생님의 인연을 따라 촬영한 여러 사례를 들며 설득한다. 아유, 선생님도 민망해하실 텐데요. 도리질하다 결국 설득되어 알겠습니다, 해버렸다.

　남들도 그러기야 하겠지만 내 바닥에 내보이고 인정받고 싶은 욕망이 도사리고 있음을 안다. 속물성을 여러 가지 이유와 구실로 포장하는 것임을. 그럼에도 자신감이 부족하니 눈치 보거나 타인을 의식하고 수군거림이나 비아냥이 두려워 망설일 뿐이다.

오래전 풀무원에서 일할 때였다.

경영을 책임진 두 분은 우리나라 최고라고 말하는 대학을 졸업한 엘리트들이고 직원들은 모두 그 두 분과 이리저리 얽힌 지식인들이었다. 나만 초등학교 졸업 학력을 가진 직원이었다. 80년도에 계엄사에 연행되어 구금 상태로 해고된 후에 마땅히 일을 찾지 못하고 방황하던 나를 지인이 막 개업한 풀무원에 소개했다. 청담동 현대아파트 앞 상가건물 작은 가게에서 시작한 초창기 풀무원 시절이다.

맡은 일은 주변의 고급 아파트에 사는 유기농 식품(그때 풀무원은 유기농 식품만 취급했다) 회원들 집에 두부를 배달하는 일이었다. 고급 아파트의 현관문이 열릴 때마다 낯선 세상을 엿보는 느낌이었다. 그러다 수레를 끌고 다니며 일일이 배달하는 일이 비효율적이라 그 일은 남자 직원이 짐 자전거를 이용해서 하기로 하고 나는 채소나 곡류를 저울에 달아 포장하거나 진열하는 일을 맡았다. 대표의 후배들인 남자 직원들은 가마니로 실어 온 두부콩을 세척해서 제조할 공장으로 옮기고 밤에 지방에 내려가서 딸기 같은 농산물을 실어 새벽에 올라오는 등 힘쓰는 일을 맡았고 여직원 한 명은 경리업무, 미술을 전공한 다른 한 명은 포장지 디자인을 맡는 등 업무가 명확했다. 내가 맡은 일은 소분이나 보조업무로 꼭 내가 아니어도 되는 일들이었다.

어쨌건 그때 풀무원은 공장의 일반적인 임금보다 높았고 사람들도 따뜻했지만, 뭔가 편치 않았던 건 내 심리의 저변에 깔린 열등감이었으리라.

어느 날 대표가 나에게 조용히 말했다. 나, 장남수야! 이러는 게 있어 보인다고. 누가! 제가요? 몹시 놀라고 당황했다. 내가 여기 이 사람들 틈에서 나를 내세운다고? 그땐 억울하기조차 했다. 세월이 지나서 깨달았다. 실상 내세울 게 없어서, 그래서 더 나는 나야 허세를 부린 것임을. 중심이 튼튼한 사람은 스스로 빛나니까.

변명을 하자면 청담동에 자리한 풀무원에서 일하는 순간순간 여기서 뭘 하고 있지? 부자들의 식탁을 더 건강하고 풍성하게 하면서…… 이럴 게 아니라 공장에 가야 한다는 강박이 무겁게 짓누르기도 했다.

그러던 차에 82년 9월 원풍 노조원들에 대한 폭력 사태가 발생했을 때 원풍 동지들 곁에 있어야겠다는 오지랖 명분으로 즉각 사표를 냈고 대표는 마치 짐작이라도 한 듯 말없이 수용했다. 딴에는 결단하는 심정이었으나 명예롭게 그만둘 구실을 찾은 건지도 모르겠다.

—나 공항 촬영 이거 아무래도 좀 과하지?
내 문자에 후배 M이 답했다.
—좋은 일인데 하세요, 선배님도 좀 뻔뻔해지세요.

어차피 뻔뻔할 거면서, 이 말을 듣고 싶은 것이었네.
앞뒤 주변 힐끔거리지 말고 내 일 열심히 하고 살면 되는 것인데, 살다 보니 호주의 대학에 초청받는 이런 기회도 오는 것인데, 억지로 손사래 치지 말고

받아들이면 되는데, 잡다한 생각에 눈치 보고 의식하는 게 사실 웃기는 노릇인데, 내가 뭐라고, 그냥 나로 살면 되지.

　호주에 와서 느낀 몇 가지 놀라움 중 하나는 차량의 소박함이었다. 학교 안의 주차장이나 관공서의 주차장에서도 고급 차가 거의 눈에 띄지 않는다. 루스 교수도 낡은 소형차를 타고 있었고 박물관이나 미술관 근처에서 보는 차들도 다 고만고만했다. 주택들도 아기자기하게 예쁘기는 하지만 저택이라 할 만한 건 보이지 않았다.
　캔버라는 국립대학과 국립시설들, 국회가 자리하고 있는 행정 수도인 만큼 큰 차들과 고급 주택들이 많으리라 생각한 나의 고정관념이 부끄러웠다. 우리는 차부터 바꾸고 집부터 넓히는 게 거의 상식 같으니까.
　사람들은 편하고 여유 있고 다정하다. 근엄하게 무게 잡지 않는다. 시드니 공항에서 내렸을 때 유니폼을 입은 공항 직원들의 다양한 모습에서부터 우리와 다름을 느꼈다. 몸집이 크고 작고, 젊고 나이 들고, 외모가 준수하기도 수수하기도 한 그것, 다양함이었다. 호주의 첫인상을 보며 딸과 소곤거렸더랬다. 정말 여기는 직원들을 외모로 선발하지 않는구나.

이런 게 자존감이지!

캔버라의 노을

날지 못하는 새 '에뮤'

여러 국가를 돌며 살아 지식과 상식이 많은 하연 선생은 마음 씀씀이도 넓다. 내가 떠나기 전에 캥거루를 보여주고 싶어 거듭 시간을 내주기도 했다.

하연 선생과 만나기로 한 어느 날, 원주민 여성 화가 에밀리 카메 큥와레예Emily Kame Kngwarreye, 1910-1996 전시회 관람권을 하연 선생이 예약해 두고 있었다. 큥와레예는 70대부터 본격적으로 그림을 시작해 생전에 3천여 점의 작품을 남겼다고 한다. 그의 그림은 강렬하고 신비로운 기운을 풍겼다. 대형 캔버스 또는 3미터가 넘어 보이는 가로, 세로 천에 그린 그림들이 웅장하고 강렬해 입이 벌어질 지경이었다. 특히 에뮤라는 새와 관련한 그림이 많았다. 에뮤는 타조를 연상하게 하는 큰 몸집의 발가락 세 개를 가진 새인데 날지 못한다고 한다. 날지 못하는 새라니 원주민들의 상황과 맞물려 묘한 상징처럼 여겨진다.

호주 원주민들은 발가락 세 개의 큰 새 에뮤를 존경하고 숭배해 왔다고 한다.

에뮤의 세 발가락, 에뮤가 좋아하는 식물들, 그들의 땅에서 자라던 씨앗들이 대형 캔버스에 꽉 차 있다. 그 옛날 땅을 빼앗기고 수많은 이웃과 조상들이 죽음에 몰리기 전, 땅과 흙과 동물과 식물을 서로 존경하며 살던 날에 대한 그리움, 그리고 어떤 기운이 넘친다.

천천히 돌다 보니 어느새 미술관 폐관 시간이 다 되었나 보다. 관리하던 남자가 시계를 가리키며 15분밖에 남지 않았음을 알려준다.

전시관 바깥 홀에는 할머니 킁와레예의 얼굴이 벽 한 면을 가득 채우고 있다. 들어오고 나가는 사람 누구나 보게 되는 장소에 걸린 이 초상은 굵은 주름에 강인한 표정, 두껍고 큰 손이 세상 하나라도 만들어낼 기상이다. 제주의 설문대할망을 떠올리게도 하는 그의 품에 살그머니 기대보았다.

저녁 무렵 캥거루가 자주 출몰한다는 낮은 야산의 언덕으로 내려가 보았지만, 웬걸 캥거루는 코빼기도 보이지 않았다. 토끼 똥처럼 까맣고 동글동글한 것들만 곳곳에 널려 있을 뿐이었다. 야행성이라는 캥거루가 외출하기에는 햇살이 많이 남았나 보았다.

캥거루야, 거루야, 하연 선생이 불러보았지만 기척도 없었다. 어쩌겠어, 호주 땅에 미련도 남기는 거지.

아시아인들이 많이 살아 아시아 음식점이 많다는 딕슨이란 동네에 직접 뽑아내는 누들 면이 유명한 식당이 있다고 해서 찾아갔다. 중식당이었다. 부추와 콩을 볶은 요리, 누들 면과 동파육을 결합한 음식을 주문했다. 부추요리는 좀 짠 듯하고 국수는 기름기 많은 갈색 국물이 좀 부담스러웠지만, 수제비처럼 널찍하고 얇은 면발의 식감이 좋았다. 음식과 어우러진, 맛있다며 이것저것 맛깔스럽게 먹는 하연 선생의 이야기가 흥미로웠다.

대기업에서 근무한 아버지로 인해 레바논에서 살

원주민 여성 화가 큥와레예의 초상.
제주의 설문대할망을 떠올리게도 하는 그의 품에 살그머니 기대보았다.

게 되었는데 IMF 이후 그만두었으며 자매인 동생과 사이가 좋다는 것, 비교적 유복하게 자란 것 같고 부모들이 자녀 교육을 위해 애쓴 덕분에 그녀는 미국, 베트남, 중동 등 각국을 경험하고 언어를 습득했으며, 남편은 미국 입양 한국인인데 한국어는 모르며 한국에 가서 소통이 어려운 상태로 친지들을 한번 만나기는 했다는, 남편은 음식을 만드는 것에 별 흥미나 의미를 두지 않아 요리는 하연 선생이 주로 하고 남편은 빨래를 맡는다는 등의 이야기.

그러다 한국에서 이주민 여성 관련한 자료조사를 했다는 대목에 이르렀는데, 내가 성공회대학에서 같이 공부한 허오영숙 씨에게 도움을 받았다는 장면에서는 와, 정말 세상 좁네, 환호하기도.

해서 현재 한국이주여성인권센터 대표를 맡고 있는 허오 선생과의 일화, 제주도 생활 이야기까지 나눈 후 딕슨의 아시아 식당가를 한 바퀴 더 걷고 돌아왔다.

내 숙소에 온 첫 손님이 된 하연 선생과 캔맥주 하나를 나눠 마시며 한참 더 놀다가 냉동실에 모셔둔

한인마트 떡을 나눈 뒤 하연 선생이 돌아갔다.
    자식뻘 나이 정도의 인연과 즐겁게 이야기 나눌 수 있음이 감사한데 나에게 나이 든 척을 하지 않아 좋다고 해주어서 기쁘기도 하다.

학생들과 마주한 시간

　은선 선생의 한국어 수업은 학생 8명이 다였다. 이 학교는 단 한 명이 수강 신청을 하더라도 폐강시키지 않는다니 놀랍긴 하다.

　내 책 두고 남의 책으로 북콘서트 하는 느낌이라고 농을 해서 웃었지만, 영상 매체의 장점이 크다는 걸 실감한다.

　사전에 영화 〈82년생 김지영〉을 시청한 학생들이 이미 지난주에 소감문을 제출했고 나에 대한 소개가 이루어졌으며 질문도 두 가지씩 준비해 오라 했다니 무슨 이야기가 나올지 궁금했다.

　은선 선생이 먼저 요즘 캔버라에서 어떻게 보내고 있느냐 물었다. 나는 혼자 먹을 음식 만들고, 혼자 사용하는 공간을 청소하는 것 외에 보고 걷고 쓰며 온전히 나만을 위한 시간을 보내고 있다고 답했다.

이 영화와 관련해서는 주인공 김지영이 나의 딸 세대에 해당하고 나는 주인공의 엄마 세대, 그리고 지영 엄마의 엄마는 또 나의 엄마를 연상하게 한다, 가장 감정이입 된 사람은 김지영의 엄마다, 몇 장면을 꼽으라면 지영의 이상증세를 알고 억장이 무너져 집에 온 엄마(미숙)가 남편이 아들을 위해 지어 온 한약을 집어 던지며 이게 다 뭐라고! 부르짖고 오열하는 장면, 지영이 일을 시작하려다 시어머니의 반대로 좌절하고 있을 때 엄마가 일 정리하고 너 도와줄게, 너 일해, 하고 나가는데 지영이 돌연 미숙아, 부르며 외할머니로 빙의하자 미숙이 무너져 내리며 오열하는 장면 등이었다는, 그리고 지영이 노트북을 앞에 놓고 '여자아이는 자라서'라는 제목으로 글을 쓰는 장면들이라고.

어쩌면 시대가 달라져도 변한 듯 여전한 것들이 있다. 1990년에 결혼한 나는 다음 해 임신초기에 시어머니 생신을 맞았다. 입덧이 심했던 데다 시골 어머니 댁이 춥고 불편해서 망설였으나 그 누구도 안 와도 된다는 말을 해주지 않았다. 또 대체로 남자들은 본가에 내보이고 싶은 허세가 있다.

3월 꽃샘추위가 매서웠다. 아침에 동네 친척이며 어른들 식사를 한 차례 챙기고 방 안에서 잠시 쉬는데 부엌 쪽에서 투덜거림이 들렸다. 얼른 부엌으로 가니 동서가 물을 떠 오란다. 재래식 주방 안에 수도가 없어 뒷마당에서 들고 와야 했다. 들통에 물을 한 통 들고 와 주방 턱에 올리는데 뭔가 이상했다. 출혈이었다. 놀라서 남편에게 말했고 시누이와 동서에게만 살짝 알린 후 시어머니께는 남편의 급한 일 때문에 가야 한다고 둘러대고 나섰다.

읍내의 병원에 가니 위험한 상태는 아니지만 절대 안정해야 한다고 했다. 잠시 병원에 누웠다가 집으로 돌아가는데 울컥 서럽기도 하고 억울하기도 했다.

영화 속 지영의 시어머니는 지영이 아프다니 한약을 지어 보내주면서도 막상 아들이 육아휴직을 하고 며느리가 일하는 건 용납하지 못한다. 시대나 사례는 다르지만, 나도 다양한 차별의 조각들이 쌓이면서 피딱지 같은 게 하나씩 늘어났다.

귀를 기울여준 학생들이 질문했다.

청년기에는 왜 노동운동을 했어요?

당연한 거였지. 내 권리를 억압하고 내 것을 빼앗으니 가만히 있을 수 없지 않겠어. 물론 누구나 다 운동하는 건 아니지만 다행히 나는 노동조합을 접했고 내 권리가 부당하게 침해받는다는 걸 깨달았으니까. '혁명은 진창에 빠진 사람이 아니라 진창에서 고개를 빼고 밖을 내다본 사람이 한다.'는 글귀를 보았어. 빼꼼 내다본 거지, 우리를 진창에 가두고 있는 바깥의 무언가를.

어떤 공장에서 일했나요?

과자공장, 전자 부품공장, 섬유공장 등등이야. 내

가 일한 섬유공장은 고급 양복지를 만들었는데 매일 옷감을 만들면서도 아버지 양복 한 벌 못 해드린 게 마음 아파. 한편 그곳 노동조합이 나의 삶에 큰 영향을 끼쳤지.

　　왜 노동자 이야기를 쓰는 거예요?

　　글쎄, 내가 살아오며 만난 사람들 이야기를 쓰다 보니 주로 노동자 이야기가 되었네.

　　왜 여성 이야기를 쓰나요?

　꼭 여성 이야기를 쓰겠다고 작정한 바는 없었지만, 내가 공장에서 일했던 시기가 경공업, 방직, 섬유 등 여성 노동자들이 많았고 그 당시 노동조합을 만들어 운영하고 투쟁한 사람들이 대부분 여성이었으며 스스로 겪어서 잘 아는 내용이라.

　　에세이를 쓰다가 소설을 쓴 이유는요?

그건 말이야, 글 쓰는 사람들이면 누구나 소설 쓰고 싶은 갈망이 있을걸? 에세이로 채 담기 어려운, 사실이지만 사실로 쓸 수 없는 이야기들, 그런 걸 쓰고 싶었어.

아주 틀린 이야기는 아니어도 실은 이 대목에서 뒤꼭지가 좀 당긴다.
그보다 솔직하게는 인정욕구란다.
소설을 써야 작가로 봐줄 것 같아서.
문단의 영향력 있는 작가나 지식인들이 일상이나 단상을 쓰면 에세이가 되고 문학이 되는데 노동자가 쓰면 '수기'라고 했거든. '수기'가 아니라 '문학'이고 싶었어. 나조차도 좀 지겨운 내 이야기 말고, 그래서 그게 그거 같은 문장들에서 벗어나 다른 글을 쓰고 싶어서. 나도 작가 맞거든, 보여주고 싶은.
속내가 목구멍을 간지럽히지만 도로 삼켜버린다.

이어 공장에 다닌 딸들 외의 남동생들은 공부했

는가? 가장 소중하게 생각하는 작품은 어떤 것인가? 만학도 때 전공은 무엇으로 선택했으며 어떤 이유인가? 글을 쓸 때 어떤 점이 좋은가? 여러 질문과 답이 오가다가 한 학생의 질문에 폭소가 터졌다.

감방은 어땠어요?

감방이라? 스무 명이 한방에서 지낸 적이 있어. 머리를 양쪽으로 맞대고 칼잠을 자야 했고, 방 귀퉁이에 달린 화장실은 엉덩이만 가려줄 정도의 가림막이 설치되어 민망하게 볼일을 봐야 했고, 책과 편지도 검열을 통과해야 들어왔지. 지금은 아주 좋아져 TV도 있다더라.

와, 또 폭소가 터졌다. 어이없게도 감방 얘기로 분위기가 화기애애해진 수업.

나도 몇 가지 질문을 했다.

1980년대를 대표하는 노동탄압 '원풍모방 사건'(1982. 9. 27.)
그 현장의 모습. 부조리에 저항하다 구금되고 생존권을
박탈당하기도 하였으나 당당했던 청춘의 날들이었다.

부모의 삶을 들어본 적 있니? 부모를 인터뷰해서 기록하는 과정은 서로에게 좋은 경험이 되고 귀한 유산이 될 거야.

학생들은 부모의 삶에 관심 가진 적이 딱히 없었다고 답했고 그중 두 학생이 어머니 인터뷰를 하겠다고 했다. 한국 작가의 작품을 읽어본 적이 있느냐는 질문에는 《82년생 김지영》 영문판을 읽은 학생이 둘이었고 한강의 《작별하지 않는다》를 읽었다는 학생이 한 명 있었다. (한강 작가의 노벨상 수상 전이었는데 지금은 또 어떨지 모르겠다.)

ANU에서 공부하길 잘했다고 생각한다면 그 이유는 무엇이냐고 물으니 잘했다고 생각하지 않는다는 즉답이 튀어나왔다. 등록금 대비 만족도가 떨어진다는 이유였다. 다만 학교의 환경이 좋다고는 했다. 결국 등록금인가? 은선 선생이 본인도 큰일이고 ANU 큰일 났다고 너스레를 했다. 학생들이 얼른 은선 교수님은 너무 좋다고 목소리를 내주었.

"선량한 학생들이네."

내 말에 웃음이 터졌다.

신기한 게 앞에서 학생들 면면을 바라보니 눈빛에 담긴 관심이나 호의의 정도, 집중도 같은 게 느껴졌다. 유난히 눈이 더 가는 학생도 있었다. 교단에 서면 이렇겠구나. 새로운 경험이었다.

나이 육십 후반에 든 조그만 나에게 뭘 배울 게 있다고 진지하게 경청하는 학생들 눈빛에 매혹된다. 고맙고 흡족한 시간이었다.

은선 선생의 에너지와 재치가 돋보이는 수업이기도 했다. 영어와 한국어를 조화해 내며 유연하게 이끌어가는 능력도 탁월했다. 학생들 또한 적극적으로 몰입했다. 뭐라도 선물하고 싶어 공예박물관에서 사 온 한국의 그림엽서를 나누어주니 참하게 생긴 일본 학생이 사인을 요청했다.

학생들에게도 좋은 시간이었기를.

사실 여건이 더 주어진다면 이 학교에 별 만족을 못 느낀다는 학생들에게 좀 놀라서 나의 만학 이야기를 나누고 싶었다.

가끔 받는 질문에 대한 답부터.

늦은 나이에 어떻게 대학교 입학이 가능했느냐?

물론 오십을 앞두고 1년 만에 중졸 고졸 두 개의 검정고시를 통과했으나 수능 볼 엄두는 낼 수 없었다. 운 좋게도 나의 모교에는 민주화운동 인증자 및 NGO 활동가에 대한 특별전형이 있었다. 두 가지 해당 조건을 다 지닌 덕에 면접과 논술시험을 거쳐 합격의 환희를 맛보았고 몇몇 노동운동 동료를 대학교 교정에서도 만날 수 있었다.

이런 입학전형을 둔 학교답게 교수들은 나이 먹은 대학생들의 경력을 존중하며 최대한 배려해 주었다. 학생과 교수가 서로를 선생님으로 칭하는 경우도 많았는데 세상사가 그런 건지 묘하게도 그런 분들이 특히 비정규직 외래교수들이었던 점도 여러 생각을 하게 했다.

그중 어느 교수는 왕언니나 이모라 부르는 학생에게 그렇게 부를 분들이 아니다, 선생님으로 호칭하는 게 좋겠다고 조용히 말하기도 했다고 들었다. 때로는 사회학 수업 시간을 교수 대신 우리가 직접 노동운동 경험을 말할 수 있게 하거나 만학도들의 특별 세미나 팀을 꾸려 귀한 시간을 아낌없이 내준 교수도 있었다. 면면을 통해 학문 외에도 인격을 배우게 한 분들이다.

그 대학은 인권 감수성을 키우는 강의가 많았고 교수들이 권위적이지 않았으며 만학도에게 친절했다. 오십에 새내기가 된 내겐 가장 자랑스러운 우리 대학이었고 특히 학교 뒤의 작은 산이 좋았다. 동네 사람들이 교문 없는 교정을 자유롭게 통과해 뒷산 산책로를 이용하기도 했는데, 걷기 좋아하는 나는 수업 중간 공백이 생기면 이 산을 걸었다. 나지막한 산을 넘어가면 지금은 사용하지 않는 철길 옆으로 코스모스가 피어 있고 알밤을 품은 밤송이가 떨어져 있기도 했다. 철길에 앉아 철길처럼 녹슨 기억을 펼치며 수첩에 쓰기도 했다.

주름은 늘어가고 지난 시간에 들은 강의는 이미 가물가물 사라져도 나는 대학생이니 마음은 청춘이었다. 왼종일 틀어박혀 있어도 행복한 책들이 꽉꽉 찬 도서관도 있으니까.

    어린 시절엔 책이 너무 귀했다. 화장지로 쓰라고 반듯반듯 오려서 변소 안에 쌓아둔 낡은 잡지나 달력 종이들도 쪼그리고 앉아 읽었다. 교과서를 받은 날은 동화책인 양 단숨에 읽어버렸다. 온 동네 이 집 저 집 옮겨 다닌 후에나 겨우 손에 닿는 소설책과 만화책은 늘 감질났다. 활자가 인쇄된 종이를 와작와작 씹어 먹고 싶었다. 그러니 만학의 대학교는 인생의 최대 풍요였다.

    아쉽게 남는 건 여유롭지 못한 경제력이었다. 학기가 끝날 때면 가끔 교수들이 학생들과 종강 파티를 했다. 거하지는 않아도 두부김치에 막걸리나 소주를 놓고 한 학기의 애환을 나누는 자리였다. 젊은 외래 교수 중 사람 좋은 분들이 이런 자리를 잘 만들었는데, 그럴 때마다 나는 계산하는 순간이 미리 걱정이었다. 설령 교수가 만든 자리일지라도 나이 들어 얻어먹고 앉아 있기는 민망하기 때문이다. 교수님, 저는 바쁜 일이 있어서 먼저 갈게요, 조금 보탭니다, 급한 일이라도 생긴 듯이 만 원권 두어 장 옆자리 학생에게 던져놓고 계산의 불편함을 모면했다. 특히 학생들과 식사 자리를 하는 때면 엄마 나이뻘인 내가 얻어먹을 수는 없었다. '밥 잘 사주는 만학 이모'였으면 얼마나 더 좋았을까……

드라마 〈나의 아저씨〉에서 "잘 사는 사람들은 좋은 사람 되기 쉬워."라는 대사가 나온다. 그 '아저씨'는 잘 사는 사람이어서가 아니라 정말 좋은 사람이었지만, 사실 주머니가 비면 순식간에 작아지고 비루해지는 게 현실이다.

그러나 젊음은 그런 게 다 이해되고 용서되는 나이 아닌가, 젊어서 하는 학업의 시간은 아름답고 귀할 뿐임을.

지금 먼 외국의 낯선 대학교에서 학생도 교수도 아니면서 느끼는 감회가 남다를 수밖에 없다는 그런 이야기들.

내가 호주에 갔을 때가 하필 루스 교수의 안식년 해가 아니었거나, 절반 이상을 방학이 걸쳐 있는 때가 아니었더라면 학생들과의 만남이 조금 더 만들어졌을 터인데 새삼 아쉽기도 했다.

이날 오후 ANU에서 의미 있는 행사가 이어졌다.

작가가 본인의 책을 도서관에 직접 기증하는 일은 나로서는 생각도 해보지 못했는데 뜻밖에 학교 측이 내 책 두 권, 루스 교수의 책 두 권, 노부코 교수의 책 한 권을 도서관에 기증하는 자리를 마련한 것이다.

행사 장소인 한국학센터 탁자 위에는 고맙게도 감귤주스와 비락식혜를 비롯한 한국 다과가 소담하게 놓여 있었다. 한 명 두 명 들어서는 사람 중 다수는 한국인 연구자와 교수들, 그리고 호주 사람 몇 명, 아시아인 여성도 두어 명 등 이곳에 와서 한 번쯤은 본 사람들이었다.

나이가 지긋하고 체구도 큰 여자가 목에 우아한 색감의 긴 스카프를 슬쩍 걸치고 들어왔는데 그이가 도서관 과장이었다.

루스 교수의 인사말과 과장의 답사에 이어 세 명의 저자가 책을 모아 들고 전달하며 이야기가 이어졌다.

대학생 때 한국 노동자들을 만난 경험이 있는 루스 교수는 몇몇 노동 관련 작가들의 글을 찾아 읽었고 특히 강경애 작가의 작품과 내 책에 집중이 되었다고 했다.

　참석자들은 간간이 음료를 마시며 나에게도 질문했다. 수업을 마치고 부랴부랴 달려온 은선 선생이 오전에 내가 참여한 수업 내용을 일목요연하게 소개하기도 했다. 이 모든 내용은 한국인 연구원 두 사람이 유창하게 번역해 주었다. 통역은 사실 나를 위해서라고 해도 과언이 아니었다. 이 공간에서 영어 안되는 이는 나 하나니까. 영어가 공간을 채울 때는 말하는 이의 입만 바라보다가 한국어로 변환되어 나올 때면 고개를 끄덕이고 말을 거들었다.

　공부하는 사람들이라 그런가, 제법 긴 시간 동안 누구도 지루해하지 않았지만, 그 누구보다 도서관 과장이 진지하게 질문하고 끄덕이며 높은 공감을 나타냈다. 책을 아끼는 사람, 책 한 권이 만들어지는 과정에 깃든 애씀과 어려움을 이해하는 사람이 분명하다. 다정함이 느껴지는 그의 뒷모습에 좀 뭉클해지기도 했다. 중국의 여공 문학 연구를 꿈꾸는 수줍은 중국 유학생 카이 씨가 조용조용 사진을 찍는 모습도 인상

231

캔버라의 노을

루스, 노부코, 장남수의 책을 ANU 도서관에 기증하는 행사.
진지하게 질문하며 높은 공감을 나타냈던 도서관 과장,
다정함이 느껴지는 그의 뒷모습에 뭉클해지기도 했다.

적이었다.

생맥주 한잔하는 게 좋지 않겠느냐는 노부코 선생 제안에 김은선 선생, 이하연 선생, 나와 노부코 선생이 학교 안의 '싸고 맛난' 생맥주 가게로 향했다. 학교 안에서 술을 파는 가게가 있는 것도 신기하고 길게 줄을 서서 생맥주를 받아 가는 학생들도 활기찬 풍경이었다. 자리를 잡은 후 번갈아 줄을 서가며 맥주와 안주를 사 왔다. 수업에 가야 하는 하연 선생은 미련의 꼬리를 질질 끌며 떠났다가 마친 후 다시 달려왔다. 맥주는 각자 두 잔으로 그쳤지만, 대여섯 잔쯤 마신 듯 수다, 수다.

노부코 선생이 웬만큼 한국 사람들을 알고 있어 김○수를 안주로 기염을 토했다가 '그날이 오면'과 '터' 노래를 흥얼거리다가 노부코 선생의 추억이 있는 신림동 '녹두골'까지 넘나들었다. 그 노래나 장소를 알지도 못하는 은선 선생은 또 어찌나 장단을 잘 맞추는지.

자리를 털고 일어나 걸어 나오는 학교 운동장에는 학생들이 와글와글 모여 있고 하늘엔 별이 반짝, 블랙마운틴 높은 탑 조명도 반짝였다.

"이런 때 사진을 찍어야지."

하연 선생이 핸드폰을 길게 잡고 찰칵 한번 눌렀다.

숙소 앞 벤치에 앉아 별이 총총한 하늘을 올려다본다. 학문의 전당인 대학에서 가르치고 배우고, 공감과 존중으로 책을 대하는 사람들과 하루를 보낸 저녁, 별빛 사이로 떠오르는 먼 옛날 공장의 나와 벗들이 애틋해 별 하나에 기억과 별 하나에 그리움을 쏘아 올린다.

민주주의 박물관

　사람은 떠날 때가 되면 조금 더 보고 싶고 손끝이라도 한 번 더 스치고 싶어지는 게 인지상정이다. 자연이나 사물에 대해서도 마찬가지다.
　민주주의 박물관, 아니 그 장소 앞에 자리 잡은 원주민농성장과 블랙마운틴, 호수 등은 다시 또 가보고 싶었다.
　숙소에서 한 시간쯤 걸어 너른 들판 가운데에 우뚝 서 있는 민주주의 박물관, 그 맞은편에 농성 텐트는 그대로 있었다. 농성장을 교도소 담장처럼 둘러친 철문을 열고 한 남자가 보따리를 어깨에 메고 나오며 기웃대는 나를 힐끗 바라보았다.
　핸드폰 번역기를 열고 말을 걸어볼까 하는데 그

럴 새도 없이 그는 내 반대 방향으로 빠르게 가버렸다. 도로 건너편 민주주의 박물관 앞에 서 있던 경찰인지, 경비원인지 모르겠는 남자만 머쓱해진 나를 바라보고 서 있었다.

그가 사라진 후 햇볕에 달궈진 철망 틈 사이로 핸드폰을 밀어 넣고 텐트에 휘갈겨놓은 글자들을 찍은 후 번역해 보니 '저승사자' '워싱턴' '대학살' 같은 단어들이었다. 그들이 어떤 방식으로 무엇을 요구하며 투쟁하는지, 언제까지 지속할 건지, 어떻게 운영하는지 이런 게 궁금한데 문을 밀고 들어가 볼 엄두는 나지 않았다. 뭘 좀 알아야 뭘 묻기도 하지.

원래는 국회의사당이었던 건물이어서 (구)국회의사당이 정확한 명칭이라는 곳, 민주주의 박물관 입구 관리실에서 등에 멘 가방을 맡기고 들어가라고 한다. 전에 왔을 때는 작은 걸로 가져와서 그냥 통과했던 것 같다. 물과 안경 핸드폰만 꺼내 휴대용 장바구니에 담아서 들었다.

호주 사람으로 보이는 한 무리의 어른들이 해설 안내를 받으며 견학하고 있었다. 날씨 좋은 날, 노인

민주주의 박물관 앞에서 원주민 모형을 놓고 시위하는 장면.
먼 땅에서 온 나는 초라한 농성장이 자꾸 마음에 밟힌다.

들이 무리 지어 공부하는 모습이 보기 좋다.

그림 하나가 눈길을 끈다. 예술작품을 이해하기 쉽지 않아서 미술관 가는 것을 별로 즐기지 않던 내가 언젠가부터 그림 보는 걸 좋아하게 되었다. 제주도에 미술관이 많아서 감상하는 기회를 자주 얻게 되면서부터인 것도 같다. 톡 떨어져 구를 듯 영롱한 물방울에 반해 몇 차례 찾아간 김창열 화백의 그림은 신비했고, 한라산 숲속에 자리한 포도뮤지엄의 '소문의 벽' 전시회는 미술작품 하나로 이렇게 많은 말을 할 수 있구나, 정신이 확 깨는 듯 강렬했다. 이중섭 화백이야 말할 나위도 없지만 곳곳에 제주의 풍경을 담은 사진이나 그림 전시가 자주 열린다. 곶자왈과 푸른 바다가 어우러진 미술관 위치나 건축물이 작품을 더 잘 감상하게 해주는 듯하다.

이날은 잭키 그린Jacky Green이라는 화가의 그림을 만났다. 걸프지역의 광산 회사와 광부들을 표현한 그림들이 특히 인상 깊다. 크고 검은 새가 발에 사람들을 매달고 앞의 흰 새를 쫓는데 땅에서는 다른 새들과 원주민들이 망연히 바라보고 있는 그림 설명을 핸드폰 파파고로 번역해 보았다.

그들이 원주민들에게 맹금류처럼 달려들어 잡아간다. 그들은 우리를 조용히 하기 위해 돈을 주고 신성한 장소를 손상한다. 혀를 내미는 새는 광산의 사장님 같다고 조롱, 옆의 사람은 좋아요, 돈을 준비했어요, 말한다. 야산과 평야에 서 있는 사람들은 아버지와 형제들을 빼앗겨 걱정하는 가족들을 대변하는 것이며, 그들이 우리의 자원과 우리의 문화를 쉽게 가져갈 수 있도록 빼앗는다.

수만 년 전부터 살아왔으나 문명으로 위장한 무력에 죽고 사라진 원주민들의 역사를 이제는 인권 문제의 표상처럼 전시해 놓았으니 아이러니한 느낌이다. 우리나라 민주화운동 과정에서 때때로 노동자나 농민이 대상화되거나 들러리처럼 끼워지는 기분이 들었던 내 삐딱한 심리 탓인지도 모르겠다.

어찌 되었든 오래 발을 머물게 하는 지점이 많았다. 원주민 권리 운동이나 여성 참정권 운동 관련한 시청각 자료 등 아이디어가 빛나는 조형물도 있었다.

한쪽 벽면에 호주 민주주의와 관련한 문답판을 배치해 퀴즈 풀듯 버튼을 누르면 YES, NO가 빨강 파랑의 불빛으로 표시되어 시선도 끌고 재미도 있어 아이 어른 할 거 없이 민주주의 역사를 쉽게 배울 수 있을 것 같다.

정치인들이 세금으로 외유도 많이 다니던데 이런 거 보고 배워 응용하면 좋으련만, 외유는 외국 여행일 뿐인가.

외국인 교수의 집

1960년도에 국가의 기획하에 지어진 곳이라는 루스 교수의 집 현관을 열고 들어서니 눈빛이 맑은 남편이 맞아주었다. 고등학교를 막 졸업한 딸은 아르바이트 가고 없었다. 루스 교수가 남편이 식사 준비하는 동안 집을 구경시켜 주겠다고 했다. 자그마한 거실과 주방 옆 복도를 따라 변기는 없고 세면과 목욕만이 가능한 욕실, 딸이 사용하는 방과 별도의 화장실 서재 안방 등이 나란하다. 익숙한 아파트 구조와는 좀 다른 배치였다. 부부침실과 침대 위에 널린 옷가지들이며 정리되지 않은 공간을 아무렇지 않게 보여주는 것이 좀 신기했다. 오는 길에 미리 "늘어놓고 산다." 말하더니 가꾸고 꾸미며 살 겨를 없어 보이는 그들의 생활공간에 슬며시 웃음이 나왔다. 있는 그대로를 드러내는 게 잘 안되는 나는 손님이 온다는 날에 맞춰 보이는 곳 위주로 닦아내고 매만지고 하면서 호들갑을 떨었을 터이다.

집 뒤로 제법 큰 뜰과 마당이 있고 소담한 앞뜰에는 평소에 자주 식사한다는 탁자가 놓여 있었으나 이날은 맞은편의 공사 소음으로 이용하지 못했다. 뒤뜰 한쪽은 창고 용도로 쓰는 간이공간이 있지만 좀 넓기에 일구어서 채소를 심으면 좋겠다 싶은데 이름 모를 화초인지 풀인지만 무성했다. 쨍한 햇살 받으며 긴 줄에서 나풀거리는 크고 작은 빨래가 어릴 때의 시골 마당을 떠올리게도 하고 생생한 사람살이의 모습으로 정겨웠다.

루스 교수의 남편 리암은 눈동자가 맑고 깊었다. 정부 기관에서 일한다는데 자동차 면허를 취득할 생각조차도 없이 자전거를 탄단다. 그가 만들어준 특별식은 고기와 해물을 섞은 중국식 볶음밥이었다. 내 입맛을 배려해 내 것만 따로 만들고 두 사람은 호주식 식사였다.

있는 그대로 보여주는 것이 신기했던
루스 교수의 집에서 한국 책 한 아름을 반갑게 만났다.

손님이 오면 생선 굽고 고기 굽고 나물 무쳐 식탁을 채우며 좀 수선 떠는 우리 방식이 아니었다. 그러니 부담이 없어 그저 식탁 위에 놓인 과일 먹고 싶으면 먹고 차 마시고 싶으면 마시면 되었다. 꼭 모과처럼 생겼는데 배라고 하는 과일이 신기해 지금은 배부르니 나중에 맛보겠다고 가방에 한 개 챙겨 넣는 걸로 간단한 식사를 마쳤다.

루스 교수는 한국 책 한 아름을 안고 와 보여주었다. 원본을 구하지 못해 도서관에서 복사했다는 《빼앗긴 일터》에는 중간중간 포스트잇과 메모가 빼곡했다. 젊은 나이에 안타깝게 세상을 떠난 모 시인의 공장 풍경을 그린 산문도 보여 반가웠다.

이날 처음 본 외국인의 생활공간이 별다르지는 않았다. 우아하고 고상하게 꾸며진 공간에서 특별한 음식을 먹으며 사는 백인 교수가 아니라 밖에서도 집에서도 바쁘게 일하며 소박한 음식 먹고 오래된 작은 차 타며 비슷하게 사는 거였다.

우리는 이런 곳에서 살아, 있는 그대로 보여주는 모습도 내면이 자유로워 가능할 것이다. 보이거나 보여주는 것들에 신경을 곤두세우며 살아왔고 여전히 부자유한 나를 새삼 다시 보았지만, 그러나 어쩌랴, 이게 또 나인걸.

캔버라의 노을

안녕, 캔버라

지난번 실패한 캥거루와의 상봉을 기어코 이루어 주고 싶다며, 내가 떠나기 하루 전날 새벽에 숙소 앞으로 오겠다던 하연 선생은 단잠에서 못 깨어난 걸까? 간밤 과음하셨나? 10분을 기다리다 포기하고 호수로 내려갔다. 캥거루를 반드시 봐야 하는 건 아니니까.

동녘 하늘이 붉어지면서 캔버라의 아침을 여는 호수 위 하늘엔 사흘째 대형 풍선 축제가 벌어지고 있었다. '캔버라의 날' 행사라고 한다. 이틀 전 새벽 산책에 나섰다가 색색의 크고 작은 열기구들이 호수 위 하늘을 가득 채운 걸 보고 이게 무슨 일인지도 모르고 눈을 떼지 못해 배에 쪼르륵 소리가 날 때까지 구경했다. 아직 어둑한데 캔버라 시민들이 다 나온 건지 아이 어른 할 거 없이 호수를 에워싸고 환호한다. 하늘에는 풍선이, 물 위로는 수많은 보트가 노를 젓는 풍경을 사흘 연속으로 보면서 흥분은 좀 가라앉았으나 여전히 눈을 떼기 어렵다.

실컷 감상한 후 막 숙소에 돌아왔는데 당황한 하연 선생이 전화하고 문자 보내며 다급하게 달려왔다. 새벽에 잠이 들어 알람을 놓친 탓이었다. 하연 선생이 덜 미안하도록 야행성 캥거루들이 아직은 좀 서성이고 있기를 바라며 서식지로 가는 중에 들판에서 놀고 있는 몇 마리 캥거루를 발견했다. 날이 환해져 도착한 목적지에서도 모자인지 부녀인지는 모르겠으나 크고 작은 두 녀석이 보였다. 조금씩 다가가니 짧은 앞다리는 치켜든 채 뒷다리 두 개로만 톡톡 뛰는 특유의 캥거루 뜀뛰기로 달아나 버렸다. 어둑한 숲으로 살금살금 좀 더 들어가자 여기저기 널브러진 캥거루가 하나, 둘 보이고 또 보인다. 열 마리쯤 눈에 들어왔다. 밤새 뛰놀고 해가 뜨니 맥을 못 추는 건지, 아니면 이제 막 휴식에 드는 걸지도 모르겠다.

다른 종이 나타나 자기들을 바라보니 탐색하듯

캔버라의 노을

탐색하듯 빤히 보는 까만 눈에 매혹되는,
캥거루와의 상봉이 기어코 이루어졌다.

빤히 보는 까만 눈에 매혹되는데 너무 다가가면 위험하다고 하연 선생이 만류한다. 호주에서의 마지막 날, 한국에서 온 여자가 캥거루에게 당했다는 소문을 만들 수는 없어 아쉽게 철수했다.

근처의 식당에서 하연 선생이 대접해 준 아침을 먹고 카페에서 차를 마시는 중에 하연 선생이 어느 다큐 작가의 작업을 소개하다 묻는다.

"근데 선생님, 다른 사람한테 말할 때 '전에 저한테 여쭈어보신 거 있잖아요?'라고 하면 잘못 말한 거죠?"

"하하, 자기를 높이고 싶었나 보네요. 타인을 높일 때 여쭙다, 고 해야 맞죠."

"아이고, 제가 그렇게 메일을 보내놓고는…… 창피하네요."

"뭐 본인을 높이려 쓴 말이라고야 생각하겠어요? 워낙 외국에 오래 살다 보니 한껏 상대를 높인다는 게 그런 줄 알겠지."

베트남 친구가 한국 사람과 결혼하려고 하는데 그 일로 한국에 한번 갈 거라는 이야기, 베트남의 음식이며 하연 선생이 오래 산 레바논 이야기, 그러다 어디서 비롯되었는지 춤 얘기를 하다가 나의 '탈춤 불량품' 시절과 원풍노조 문화 활동 이야기, 그렇게 함께하는 시간이 즐거웠지만 마지막 짐 정리를 해야 하니 일어서야 했다.

숙소 앞에 도착한 하연 선생이,

"선생님, 제가 한번 안아드려도 돼요?"

"어, 그러면 나 눈물 날 것 같아, 안 돼."

다행히 눈물은 감출 수 있었지만, 몸을 사르르 훑고 지나는 섭섭함.

멋진 하연 선생, 마지막 날까지 고마웠어요.

간단히 저녁을 먹고 숙소를 말끔히 한 후 ANU 교정으로 마지막 산책을 나섰다. 숙소와 학교 사이 숲에 세워진 처칠 동상이 며칠 전부터 누군가 돌을 던져 깬 것처럼 가슴 아래에 구멍이 뻥 뚫려 있다. 한국학연구실이 있는 쿰스빌딩을 지나고 넓은 운동장 옆길을 걸어 선생들과 생맥주를 마신 식당 옆쪽을 지나다 보니 처음 딸과 산책하며 감탄한 도랑 옆 파랗던 잔디 언덕은 이미 가을로 접어들었고 저녁 해도 짧아

저 있다. '캔버라의 날' 공휴일이라 그런지 한산한 벤치에 혼자 앉아 있는 여학생을 보니 먼 나라에서 왔나 싶어 좀 짠하다.

노을에 물든 호숫가에 앉아 내일이면 떠난다고 생각하니 찰랑찰랑 감회가 차오른다.

루스 교수를 알면서 호주라는 글자만 눈에 띄어도 공연히 반갑던 차 그가 나를 초청해 주고 경험하게 되면서 호주는 나에게 새로운 의미가 되었다.

어느 유명한 시구절을 떠올린다. '내가 그의 이름을 불러주기 전에는 그는 다만 하나의 몸짓에 지나지 않았'으나 '내가 그의 이름을 불러주었을 때 그는 나에게로 와서 꽃이 되었' 듯이, 사람도 국가도 인연 따라 특별해지는 거였다. 모든 만남이 좋은 인연이 되는 건 아니다. 인연도 서로 가꾸고 보살펴야 이어진다.

조용하고 품격 있는 지방 소도시 느낌의 캔버라가 좋았다. 투명한 햇빛은 어린 날 고향집 툇마루에 내리쬐던 햇살 같았고 푸른 초원과 우람한 나무, 공기청정기 없는 자연의 상큼한 공기는 걷기에 최적이었다. 뜨는 해와 지는 해로 날마다 나를 황홀하게 한 붉은 노을에 잠겨 가슴을 한껏 열어 깊은숨을 쉬고 일어섰다.

　쉽게 잠들지 못해 뒤척이다 4시에 일어나 샤워하고 가방을 다시 챙기고 실내를 꼼꼼히 점검했다. 침대와 이불도 한번 쓰다듬어보고 거실의 탁자와 창밖의 나무에도 인사를 고한 후 현관문을 활짝 열어 캐리어를 문 앞으로 꺼냈다. 서성이는 동안 주차장으로 들어오는 자동차 불빛이 보이고 루스 교수가 손을 흔들며 계단을 올라왔다. 무거운 캐리어를 둘이 맞잡아 끌어내려 싣고 공항으로 가는 동안 둘 다 묵묵했는데 어느 지점을 지나며 루스 교수가 저곳이 과수원이에요, 했다. 언젠가 내가 농산물 경작지가 보이지 않는데 농사는 어디서 짓느냐고 물어본 적이 있었는데 그때 웃으며 공항 가는 길옆에 사과 과수원이 있다더니 그 이야기였다. 어둠에 잠긴 과수원은 상상으로만 훑고 공항에 도착했다.
　국내선만 운항하는 캔버라공항은 이른 시간인데도 꽤 사람이 많았다. 수화물 절차를 도와준 루스 교수는 쉽게 돌아서지 못하고 머뭇거리다 혹여 무슨 문제가 있으면 연락하라 당부하고는 큰 키를 절반으로 꺾어 내 작은 몸을 한번 안은 후 탑승구로 들어가는 것을 본 후에야 돌아섰다. 항공사 남자 직원이 명랑한 음성으로 일일이 굿모닝, 굿모닝 인사를 했다. 진동을 느끼지도 못한 채 떠오른 경비행기는 어느새 하늘을 날고 있었다. 날씨는 여전히 맑고 화창하다. 청명한 햇살이 넓고 넓은 평야를 노랗게 덮으며 새 아침을 펼친다. 너른 들에 풍력발전기가 군데군데 돌고 있다. 높낮이가 크지 않은 밭고랑 같은 느낌의 산, 긴 줄기로 흐르는 강, 하늘에서 보아도 푸른 잔디, 풀어 헤쳐놓은 면화 같은 구름…… 양이 많은 나라여서 그런가 구름도 양털 같다.

풍경 한 점도 아쉬워져 눈을 떼지 못하는 동안 시드니공항에 도착했다. 국제선으로 이동해야 해서 눈치껏 사람들 뒤를 따라가다 화장실에 다녀오는 동안 혼자 떨어졌다. 다행히 딸이 사진으로 보내준 경로를 따라 어렵지 않게 국제선으로 가는 분홍색 버스를 탔다. 시드니 국제공항에 도착하니 곧바로 보이는 아

캔버라의 노을

캔버라에서 시드니공항으로, 다시 인천으로 가는 비행기에 자리 잡은 뒤
잊지 못할 생의 한 페이지를 마음속에 새겨본다.

시아나항공이 어찌나 반가운지 모르겠다. 창구는 다섯 개 정도, 한 개의 창구가 한국인 직원이었다. 한국인 쪽으로 가야겠다고 속으로 벼르는데 순서가 안 맞았다. 마침 관리하는 한국인 남자 직원이 있기에 얼른 그를 붙잡고 한국인 창구로 갔으면 좋겠다고 말하자 제가 도와드릴 테니 오시라며 외국인 여성이 있는 창구로 앞서갔다. 여권과 항공권 구매 내용이 인쇄된 용지를 건네며 캔버라에서 접수한 수화물이 인천공항으로 잘 연결되었는지 확인해달라고 하자 접수는 잘되었는데 무게가 초과라고 한다. 그럼 어떻게 할까요? 비용을 더 내야 하나 묻는데 남자 직원이 그냥 통과시켜 주라고 한다. 이리 고마울 데가. 그렇게 항공권을 발부받고도 탑승구 57번을 찾아 또 잠시 헤매긴 했다. 워낙 큰 공항인 데다 거의 백화점 수준을 방불케 하는 상가들이며 쇼핑하는 사람들이 많아 우왕좌왕 57번 탑승구를 찾으니 비로소 한국말 안내가 들리고 한국 사람들 천지다. 말문이 닫혔다가 입이 트인 것 같은 느낌, 이제 국제미아가 되지는 않겠다 안도하며 걱정할 가족들과 잘 가고 있느냐고 여러 번 물어

온 미국 언니에게 카카오톡 메시지를 보내고 편안히 대기실에 앉는다.

호주 시계 10시 20분, 인천공항으로 가는 항공기에 정확히 자리 잡은 다음 루스 교수에게 메시지를 보냈다.

선생님, 탑승 잘했습니다. 제주도 가서 또 연락드리겠습니다.

걱정하고 있었던 듯 곧 답이 왔다.

Good to hear that everything went well.

You must be tired, I hope you can rest on the plane.

하트 표시 하나를 보낸 후 핸드폰을 비행기모드로 바꾸고 잊지 못할 한 페이지를 저장하며 가만히 눈을 감았다.

도착 예정 시간보다 30분이나 일찍 인천공항 활주로에 닿아 비행기모드를 해제하니 몇 개의 문자가 와 있다. SBS방송국의 이동원 피디였다. 도착하면 바로 연락 달라는 내용과 명함이 떠 있다.

내가 입은 옷과 가방 색깔을 설명해 주고 그야말

로 공항 패션으로 천천히 걸어 나가는데 나온다, 나온다, 하는 소리가 들리고 카메라가 나를 향했다. 어색하기도 하고 정면으로 카메라를 응시하는 게 맞는 것인지도 모르겠기에 앞만 보고 걸어가니 카메라를 안 본다는 소리도 들린다. 이동원 피디와 인사를 나누고 숙소에 짐만 둔 채 스튜디오로 이동해 늦도록 인터뷰를 진행했다.

신문사 인터뷰는 해본 적이 있지만, 방송국 카메라 앞에서는 처음이라 몰라서가 아니라 내 언어를 담기 위해 묻는 피디의 질문에 아니 그걸 모른단 말이에요! 하는 통에 촬영팀 다 웃기고 요절복통이었다.

어떻든 70년대 중반 공부한 신정동 야학의 풍경과 공장 생활, 김민기 선생님과의 인연에 대한 기억을 주절주절 내놓긴 했는데 쓸만한 게 있을지는 모르겠다.

방송팀이 나의 편의를 고려해 공항 가까운 곳에 예약한 스튜디오는 마치 70년대의 사진관처럼 작고 썰렁했다. 피디, 작가, 촬영기사, 운전기사, 보조 스텝들까지 예닐곱 명이 밤늦도록 퇴근하지 못하고 둘러서 있는 걸 보니 점점 좁아지는 교양 다큐 방송 환경

속에서 고군분투하는 제작진의 고생이 일면 보였다. 이동원 피디의 열정과 성실한 태도며 밖에서 내내 대기하다가 숙소에 다시 태워다 준, 유퀴즈에도 출연했다는 나이 든 기사님은 고생하신다는 내 인사에 젊은 사람들이 열심이고 사람이 좋아서 힘든 줄 모르고 일한다는 목소리에서 진솔한 에너지가 느껴졌다.

    숙소에 들어오니 11시가 넘었다. G 선생이 작별 인사로 보내온 문자에 늦은 답을 보내면서 아, 거긴 지금 자정도 한참 넘어 새벽이겠네, 생각한다. 새벽에 호주였다가 저녁에 서울이라니, 게다가 방송국 인터뷰도 하고 서울 숙소에서 또 하루가 넘어가는 시간이 뭔가 꿈속처럼 비현실적으로 느껴진다. 그 사이에 '또 호주에 오세요'라는 제목으로 하연 선생이 보낸 메일이 와 있었다.
    다음 날 아침 한 시간 비행은 정말이지 눈 감았다 뜨니 제주도다.

3

다시, 고요한 문장의 시간으로

한 줄의 문장을 위해 몰입하는 시간
한 편의 글에 담아내는 내면의 소리
그리움을 담아 천천히 자판을 두드린다.
'글을 쓰는 게 가장 큰 힘'을 기억하며
한 글자, 한 글자에 나를 닮은
사람들을 떠올리며…….

비 오는 인사동에서

　　호주에서 돌아온 한 달 후 루스 교수가 한국에 왔다. 비 내리는 4월의 주말, 종로의 조용한 한식당에서 루스, 뉴욕에서 같이 온 한 분, 호주에 가기까지 조력해 준 N 교수, 처음 만나지만 저서를 통해 익히 알고 있던 K 교수, ANU에서 루스 교수 지도하에 박사학위 과정을 공부했다는 한국인 여성학자까지 다섯 사람을 만났다.

　　상견례 장소로 많이 이용한다는 후기가 있는 식당은 고급스러웠다. 시중에서 파는 것과는 차원이 다른 막걸리로 낮술도 한잔했다. 미국 교수의 부모가 참여했다는 미국 노동운동 이야기 등 흥미로운 주제가 세계를 넘나들었다. 유창한 영어들이 누군가를 거쳐

서 내게 와야 하니 좀 불편하긴 해도 나는 나의 이야기를 하고 그들은 그들의 이야기를 하면서.

세 나라 국적의 젊고 나이 든 여성들이 여러 색깔의 우산을 쓰고 인사동의 유기그릇 가게를 구경하고 전통찻집에서 차를 마시다 언니가 뉴저지에 산다는 내 말에 미국의 교수가 본인이 사는 동네의 사진을 보여주며 언니 사는 곳은 어디쯤이냐고 물었다. 언니가 미국 시민으로 산 지 수십 년이 지나는데도 한 번도 가지 않았다(못 갔다)는, 형제가 여섯인데 아무도 못 가보았다는, 그래서 언니가 사는 동네가 어디에 붙어 있는지 잘 모른다는 내 말에 여덟 개의 눈빛에 일순 놀라움이 스쳤다.

이런 지점이 좁힐 수 없는 차이였다.

나로서는 미국 가고 호주 가고 한국 오가는 게 대전 가고 부산 가듯이 자연스러운 사람들이 놀라울 따름이다. 경제력의 문제가 크겠으나, 나의 형제나 벗들에게 그건 단순히 경제력만의 문제는 아니다. 집이나 자동차는 바꾸고 넓힐 수 있겠지만 문화적 차이는 습관처럼 스며들어 쌓이는 거라서.

다시, 고요한 문장의 시간으로

나의 스승,
'뒷것' 김민기와 〈공장의 불빛〉

　SBS스페셜 〈학전 그리고 뒷것 김민기〉 3부작이 끝나고도 오래 먹먹했다. 새벽형이라 저녁에 일찍 핸드폰을 무음으로 하고 자리에 드는 내가 3주 동안 방영된 일요일 밤 11시 본방송을 다 시청했다. 처음엔 내가 어느 장면에 어떤 모습으로 나올지 궁금한 게 먼저였는데 방송 보는 매회 감정이 격동했다.

　사람이 평생을 바위처럼 단단하게, 구름처럼 잔잔하게 한결같이 아름다울 수 있다니…… 평소 안부도 여쭙지 않고 살다가 새삼 제자랍시고 유명인들 사이에 끼어 카메라 앞에서 한껏 떠든 내가 부끄럽기도 하다.

사실 신정야학에서 김민기 선생님의 수업은 짧은 기간이었고 기억도 짧다. 그럴 수밖에 없었던 이유는 3부에 출연한 김한 선생님의 인터뷰를 통해 비로소 이해했다.

내가 신정야학 졸업 후 4~5년쯤 지나 풀무원에서 일할 때 당시 대표인 신동수 선생님과 김민기 선생님이 선후배 관계인 덕에 그곳에서 몇 번 더 만나 뵀었고 10여 년 전, 인사동에서 그분들과 식사하며 한 번 더 뵀다. 김민기 선생님을 자랑하고 다니긴 했지만, 어쩌면 더 큰 인연은 〈공장의 불빛〉이라고 하는 게 맞을 듯하다. 1978년 〈공장의 불빛〉은 큰 줄기로 이어져 지금까지도 여전히 삶을 격동하게도 하고 보듬어 위로하기도 한다. 아침이슬이 많은 이들에게 정서적 '애국가'였다면 나에게 공장의 불빛은 정서적 교과서 같았다.

인터뷰 당시 관련한 이야기들과 '야근'이라는 제목의 노래를 한 소절 부르기도 했으나 아무래도 선생님의 젊은 날 첫 제자로 출연하게 된 거라서 야학 부분에 초점이 맞춰졌다.

다시, 고요한 문장의 시간으로

신정야학 시절의 모습. 체벌이나 비난의
언어가 없는 교실, 서로의 온기로 따스하던
그곳에서 '아름다운 사람' 김민기 선생님을 만났다.

방송에 띄워진 신정동 풍경과 야학 친구들 사진, 선생님들의 회고를 보면서 74년도의 천막 교실이 그립기도 하다. 그리고 새삼 깨닫는다. 어쩌면 그 시절 나의 야학 친구들은 가난해서 힘겹고 슬프긴 했지만, 그 나이 때의 다른 아이들이 경험할 수 없는 아늑한 시간을 보내기도 한 것임을. 김민기 선생님을 비롯하여 쟁쟁한 실력을 갖춘 선생님들이 포진해서 최고의 교육을 했으며 학생들에게 이보다 더 친절하고 따뜻할 수는 없었을 것임을.

　그 시대만 해도 횡횡하던 체벌이나 비난의 언어가 없는 교실, 밖은 매서운 바람 불어 천막이 펄럭거리고 손은 시려도 다른 온기로 따스하던 공간, 그래서 수업에 오지 못한 아이들이 늦은 저녁에도 달려오던 그곳이었다. 공중전화 앞에 몰려서서 선생님들이 알려준 번호로 전화를 걸어 한 명씩 돌아가면서 선생님, 저 누구예요, 저는 누구예요, 별 할 말도 없으면서 동전을 톡톡 넣던 기억. 어두운 골목에서 까르르까르르 웃던 기억.

　졸업한 후에도 선생님들이 보내준 편지들이 아

직 내 서랍에 보관되어 있다. 잘 살아가기를 진심으로 바라고 응원한 한 글자, 한 글자들.

    천막 교실의 어느 겨울, 땅 주인이 땅을 사용해야 하니 천막을 철거하라고 했었다. 선생님들이 영등포 경찰서까지(왜 경찰서에서 만나셨는지는?) 가서 땅 주인을 만나 사정을 했지만, 완강해서 결국 천막을 걷을 수밖에 없었다. 다른 땅을 구해 천막을 다시 옮기는 동안 수업은 중단되었고 우리는 그 맨땅에 매일 모여 모닥불을 피우고 둘러앉아 있다 돌아오곤 했다. 선생님들도 109번 종점에 내려 맨땅바닥의 그곳에 와서 함께 있다 가곤 했다. 그러나 천막을 걷은 땅은 사용되지 않고 오랫동안 맨바닥 그대로였다.

    이번에 신정야학 선생님들의 인터뷰에서 김민기 선생님만 나타나면 경찰이 따라다니니 다른 선생님들이 "민기 형, 그만 오시라." 했다는 내용을 들었다.

    야학 수업 교재에 계급의식이 들어 있는 언어를 반대하셨다는 일화에서도 알 수 있듯이 김민기 선생님은 가장 비정치적인 언어를 사용해 삶의 노래를 만들었으나 시대는 가장 정치적으로 해석하거나 불온

시했다. '자유의 바람'으로 '아름다운 사람'이 폭정의 광풍으로 고단했던 시대였다.

아, 그리고…… 다큐가 방영된 후 두 달도 지나지 않은 7월의 더운 날, 선생님은 영원히 떠나셨다. 아기와 눈을 맞추고 있는 부처 같은 미소를 각인처럼 남기고.

다시, 고요한 문장의 시간으로

글 쓰는 힘

다큐가 방영된 후 글썽글썽하던 어느 날, 문자 하나를 받고 깜짝 놀랐다.

선생님, 그리고 제겐 친구 누님이시죠?
고등학생 때 누님이 쓰신 책을 서점에서 사와 읽은 날, 밤잠을 자지 못하고 여러 생각과 감정에 휩싸였던 때가 떠오릅니다.
고향 얘기와 동생 이야기가 있어서 얼마 뒤 친구 교실로 제가 찾아갔던 적이 있었습니다. 그 뒤 꼭 누님 한번 봬야지, 하면서도 아직은 뵙지를 못했네요.
어린 시절 그 책을 읽었던 저는 어찌어찌 노동계 언저리에 발을 들여 지금까지 걷고 있습니다.

(중략)

40년을 지난 독자이자 세상 후배의 인사입니다.

박OO 드림

꼭 한번 만나자, 답을 보낸 후 남동생에게 말했더니 일화를 들려주었다.

고등학교 교실에 그 친구가 찾아와 네가 이 책을 쓰신 분 동생이냐고 했었다는 것. 똑똑하고 특이한 학생이었는데 김수영을 즐겨 읽고, 다른 지역 학생들과도 문학서클을 만들어 활동했으며 유일하게 방과 후 자습을 안 하는 친구였다고.

자습을 안 하고 나가면 엎드려서 소위 '엉덩이 빠따'를 맞던 때인데 이 친구는 며칠을 그렇게 맞으면서도 자습을 거부했고 어느 날 담임선생과 담판을 지었는지 열외가 되었다는. 모두 자습하는데 혼자 운동장을 걸어 나가는 친구를 보고 어느 선생이 너 왜 자습 안 하고 나가느냐고 소리치니 등 뒤로 손을 흔들어 보이고 유유히 걸어가 버렸고 교실 안의 학생들은 고개를 빼고 그의 뒷모습을 바라만 보았다는.

그런데도 명문대학교에 입학하더니 평생 노동자 지원하는 일을 하고 있다는.

나의 글을 읽고 삶의 방향을 고민했다는 고향 후배의 이야기는 놀랍기 짝이 없었다.

글 쓰는 행위의 무게가 덜컥 와닿았다고 할까, 한 글자도 허투루 쓰면 안 되는 것이었다. 쓰는 글과 삶의 모양이 같을 수는 없더라도 최소한 너무 부끄럽지 않아야 한다는 두려움조차 들었다.

호주의 루스 교수도 그렇지만 글을 통한 소중한 인연들이 많다. 지난해 호주 방문을 며칠 앞두고 인터넷에 소식을 올렸던 때, 일면식이 있거나 없는 분들로부터 '그간 애쓴 삶의 보답'이라는 격려가 많았다. 축하와 응원 인사도 줄줄 남겨주었다. 정말이지 '그간 애써온' 이들의 삶이 떠올라 미안해지기도 했다. 떠오르는 얼굴들보다 내가 특별히 더 잘 살아온 무엇이 있는 게 아니라 그저 글로 인한 인연 덕분임을 잘 안다.

바람의 땅 제주, 창밖 멀리 한라산 지붕이 하얗게 덮여 있다.
억새를 닮아가는 흰머리 날리며 푸른 바다와 바람 부는 산자락을 걷다 보면
만나고 헤어지고 울고 웃던 사람들이 아련하다.

다시, 고요한 문장의 시간으로

    국민학교 때부터 누군가의 좋은 눈빛이 나에게 닿는다고 느낀 순간에는 대개 책과 글이 있었다. 그 최초의 기억은 국어 시간에 제출한 산문이 교실 뒤 게시판에 걸리고 담임선생님이 학급 문고 관리하는 일을 나에게 맡기던 때였으리라. 문고라 해봐야 고작 작은 책꽂이에 고전이며 동화책 몇 권 꽂힌 게 다였지만 그 책을 빌려주고 반납받는 단순한 임무가 얼마나 뿌듯하고 자부심을 주었는지 모른다.

    작은 키에 내세울 것 없는 외모, 보리밥에 배어든 김칫국물이 부끄러워 도시락을 못 열던 내성적이고 가난한 내가 반에서 제일 똑똑한 아이와 친해진 것도 책 덕분이었고 중학생이 된 친구들을 피해 다니다 공장노동자가 된 후에도 우정을 돈독하게 이어준 건 편지였다. 불 꺼진 공장 기숙사 옥상의 달빛 아래에서 쓰던 편지, 다 못 꺼내는 감정을 눌러쓰던 일기, 그렇게 글은 나를 보듬고 단단하게 만드는 힘이 되었다.

    갓 입사한 나를 노조 간부가 찾은 일도 모 계간지에 투고한 내 글 덕분이었고, 시민단체에서 실무자로 일할 때도, 대학에서 자식뻘 친구들과 공부할 때도 글은 큰 힘이었다.

사실 살아가는 동안 종종 경계에 선 느낌, 이도 저도 아닌 곳에 서 있는 느낌이 들 때가 많았다.

음습한 조사실에서 경찰관이 "어쭈, 글을 좀 쓰네?" 툭 던진 한마디.

어느 집회에서 기도문을 낭독하니 "목사가 써준 거 아냐?" 하는 속삭임.

노동자 동료의 수군거림도 들렸다. "쟤, 노동자 맞아?"

이런 말들에 복합적인 감정이 넘나들었다.

지식인들의 한 귀퉁이에서 서성서성 곁눈질로 '나 노동자야, 그러니 이 정도라도 알아줘.' 하며 계급의 차이를 도구로 이용하기도 했다.

아득한 계단을 오르고 싶었다. 일 년 열두 달 책 한 권도 읽지 않거나 읽기 어려운 토대에 서서 매해 수백 권을 읽는다는 사람들의 세계를 추앙하며 까치발을 세웠다.

다시, 고요한 문장의 시간으로

그리고 지금, '작가'라는 호칭에 제법 익숙해졌으나 여전히 '쓰는 사람'으로서의 자존감은 허약하다. 독자층이 협소한 무명의 내 글을 출판하는 게 쉽지 않을 뿐 아니라 내로라하는 작가들조차도 판매 부수에 전전긍긍하는 까닭이 인세를 기대해서가 아니라 출판사의 손해를 걱정해서라는 글도 거듭 접했다. 이런 판에 나까지 보태는 게 무슨 의미가 있을까 자괴감에 빠지기도 했다.

문학이니 소설이니 다 잊고 접고 아무도 모르는 곳에서 상추 심으며 살까? 궁리하며 지도를 펼치기도 했다. 그러다 다시 또 쓸 힘을 준 것도 글이었고 글 벗이었다.

애써 글을 써도 내놓기 쉽지 않고 심리적 부담이 따르는 데다 돈도 안 되는데, 많고도 많다는 작가들이 글을 쓰는 이유는 어쩌면 그들도 나처럼, 애틋하고 친밀하고 때론 치열했던 인연들이 오고 간 자리를 담아내는 고요한 문장의 시간 덕분일지 모르겠다.

한 줄의 문장을 위해 몰입하는 시간, 한 편의 글에 담아내는 내면의 소리, 아는 사람은 아는 그것으로.

새벽에 맨발로 닿는 검멀레해변의 걸음과 함께
오늘도 '쓰는 사람'으로, 흰 바탕에 까만 글씨를 채워간다.

277

다시, 고요한 문장의 시간으로

어디에서 무엇을 하며 살던
내 안에 있는 이야기를 쓰는 게 중요함을…….

사실 호주의 대학교에서 내가 온전히 동화될 수 있는 지점은 자연이었다. 학교나 학자들이 굳이 나의 무엇을 필요로 하는 것도 아니었고 나도 마찬가지였다. '대학 초청' 그 자체의 의미가 더 컸을지도 모르겠다. 내 인생에 그럴듯한 이력을 추가하고 싶은?

혹은 또 다른 욕망, 낯선 이국에서 새로운 글이라도 쓸 수 있으려나 하는 기대?

그러나 신선같이 앉아 있는다고 글이 뚝 떨어지는 건 아니었다.

어디에서 무엇을 하며 살던 내 안에 있는 이야기를 쓰는 게 중요함을, 작가는 '오늘 아침에도 글을 쓴 사람'이어야 함을 조용히 확인하는 시간이었다고 할까.

바람의 땅 제주에도 여름볕은 한라산 지붕 위에 과랑과랑 머물고 있다.

시원한 새벽에 맨발로 닿는 검멀레해변의 걸음이, 매일 만나는 귀하고 새로운 문장들이, 고요할 수 있는 평화로운 일상이 더욱 귀중해진 이 계절에 오고 간 인연과 그리움을 담아 천천히 자판을 두드린다.

'글을 쓰는 게 가장 큰 힘'을 기억하며,
한 글자, 한 글자에 나를 닮은 사람들을 떠올리며.

노동의 시간이 문장이 되었기에
벌리그리핀 노을빛 호수, 그 뒤에 있는 것들

2025년 8월 18일 1판 1쇄

지은이 장남수
편집 플레이오네 **디자인** 오혜진 **사진** 원풍동지회, 장남수
종이 엔페이퍼 **인쇄와 제본** (주)상지사 P&B **배본사** (주)비상피앤엘

펴낸이 조혜원 **매니저** 이수현
펴낸 곳 도서출판 플레이아데스
출판등록 2024년 3월 7일 제2024-000001호
주소 (55662) 전북특별자치도 장수군 번암면 만항길 35
팩스 0504-315-7842 **메일** pleiadesbook@naver.com
블로그 blog.naver.com/pleiadesbook
▶️ 📘 📷 🐦 @pleiadesbook

ⓒ 장남수, 2025
ISBN 979-11-989477-2-7 03810

* 책값은 뒤표지에 표시되어 있습니다.
* 잘못된 책은 구입처에서 바꾸어 드립니다.
* 이 책은 저작권법에 따라 보호받는 저작물이므로 무단 전재, 무단 복제는 법으로 금지되어 있습니다. 이 책의 전부 또는 일부를 쓰고자 할 때는 반드시 도서출판 플레이아데스와 저작권자의 서면 동의를 받아야 합니다.
* 본 도서는 제주문화예술재단의 지원을 받아 발간되었습니다.

겨울 밤하늘 황소자리 위에 꽃다발처럼 반짝이는 성단, 플레이아데스.
도서출판 플레이아데스는 '스스로 빛나는 별처럼' 작은 것의 큰 가치를 담습니다.